In der gleichen Reihe erschienen:

**Das aktuelle Scheidungsrecht**
ISBN 3-8029-3513-6

**Scheidung – ein Finanzproblem?**
ISBN 3-8029-3622-1

**Recht auf Unterhalt**
ISBN 3-8029-3624-8

**Rechtsanwälte vorteilhaft einsetzen**
ISBN 3-8029-3608-6

**Familie und Finanzen**
ISBN 3-8029-3645-0

**Das aktuelle Erbrecht**
ISBN 3-8029-3525-X

**Der individuelle Ehevertrag**
ISBN 3-8029-3425-3

**Paare ohne Trauschein**
ISBN 3-8029-3433-4

**Vertragsbausteine Scheidungsvereinbarung**
ISBN 3-8029-3915-8



E-mail: walhalla@walhalla.de
http://www.walhalla.de

Walhalla Fachverlag · Haus an der Eisernen Brücke · 93059 Regensburg
Telefon (09 41) 5 68 40 · Telefax (09 41) 56 84 111

Finn Zwißler

# Geld Checkliste Scheidung

## Die 30 wichtigsten Schritte
## Richtig handeln im Trennungsjahr

WALHALLA
FACHVERLAG

Die Deutsche Bibliothek – CIP-Einheitsaufnahme

**Zwißler, Finn:**
Geld-Checkliste Scheidung : die 30 wichtigsten Schritte ; richtig handeln im Trennungsjahr / Finn Zwißler. – 3., aktual. Aufl. – Regensburg ; Berlin : Walhalla-Fachverl., 2000
(Walhalla-Checklisten)
ISBN 3-8029-3969-7

Zitiervorschlag:
**Finn Zwißler,** Geld Checkliste Scheidung
Regensburg, Berlin 2000

**Hinweis:** Unsere Geld Checklisten sind stets bemüht, Sie nach bestem Wissen zu informieren. Die vorliegende Ausgabe beruht auf dem Stand von Juli 2000. Verbindliche Auskünfte holen Sie gegebenenfalls bei Ihrem Steuerberater bzw. Rechtsanwalt ein.

3., aktualisierte Auflage


Produktion: Walhalla Fachverlag, 93042 Regensburg
Umschlaggestaltung: Gruber & König, Augsburg
Druck und Bindung: Westermann Druck Zwickau GmbH
Printed in Germany
ISBN 3-8029-3969-7

# Inhalt


1 Definition: Scheidung ... 9
2 Scheidung: Wann? ... 11
3 Trennung von Tisch und Bett ... 15
4 Beweissicherung ... 19
5 Ihr Fahrplan im Trennungsjahr ... 24
6 Ort des Gerichtsverfahrens ... 27
7 Dauer Ihrer Scheidung ... 28
8 Wichtige Fragen im Trennungsjahr ... 30
9 Trennungsunterhalt verlangen ... 33
10 Trennungsunterhalt berechnen ... 34
11 Kindesunterhalt vereinbaren ... 39
12 Sorgerecht wählen ... 43
13 Sorge- bzw. Umgangsrecht vereinbaren ... 45
14 Mit dem Jugendamt zusammenarbeiten ... 48
15 Ehewohnung klären ... 49
16 Hausrat aufteilen ... 51

# Geld Checkliste Scheidung


17 Schulden beachten ... 53

18 Vermögen klären ... 54

19 Zugewinn berechnen ... 55

20 Gütertrennung ... 61

21 Gütergemeinschaft ... 62

22 Versorgungsausgleich ... 64

23 Zum Anwalt gehen ... 68

24 Prozeßkostenvorschuß vom Ehegatten ... 69

25 Kosten der Scheidung ... 70

26 Beratungs- oder Prozeßkostenhilfe ... 72

27 Ehevertrag oder Scheidungsvereinbarung ... 73

28 Scheidung mit Auslandsbezug ... 78

29 Scheidung im Ausland ... 80

30 Scheidungswunsch widerrufen ... 81

Schnell-Check: Scheidung ... 82

Hilfreiche Adressen ... 86

Findex ... 87

# Sichern Sie Ihre Ansprüche!

Die Zahl der Scheidungen nimmt stetig zu. Eine Scheidung ist in der heutigen Zeit kein großer Prozeß mehr, in dem zwingend schmutzige Wäsche gewaschen werden muß. Das Verschuldensprinzip wurde vor über zwei Jahrzehnten abgeschafft. Statt dessen wurde das „Zerrüttungsprinzip" eingeführt, d. h. eine Ehe wird danach geschieden, wenn sie zerrüttet ist, und am Beginn der Zerrüttung steht die Trennung, welche, von Härtefällen abgesehen, mindestens ein Jahr andauern muß.

Wenn sich Eheleute zur Trennung entschieden haben, hat dies die vielfältigsten Gründe. Oftmals will auch nur einer die Trennung und der andere nicht. Allen Fällen gemeinsam und unabhängig vom Trennungswunsch ist jedoch regelmäßig das Interesse, Ansprüche zu sichern und Geld zu sparen.

Dieses durchaus legitime Interesse setzt für seine erfolgreiche Verwirklichung zuerst voraus, daß die Ansprüche bekannt sind. Weiter müssen die Ansprüche dann „festgeklopft" werden. Denn im Ernstfall zählt vor Gericht nur das, was bewiesen werden kann. Zum Sammeln von Beweisen ist es im bereits eingereichten Scheidungsverfahren meist zu spät. Oftmals führt auch erst ein besonderes Handeln oder eine besondere Situation zu einem Anspruch. Es kann also ein spezielles Verhalten erforderlich sein. Vom Zeitpunkt her ist dabei wichtig, möglichst frühzeitig zu handeln, denn vor Gericht ist es eigentlich zu spät.

Bereits im Vorfeld der Scheidung muß damit begonnen werden, die Ansprüche zu sichern. Dies geschieht am besten natürlich zu einem Zeitpunkt, an dem über eine Scheidung noch gar nicht nachgedacht wird, also bereits zu Beginn oder noch während einer

# Vorwort

## Sichern Sie Ihre Ansprüche

intakten Ehe, nämlich durch Ehevertrag. Spätestens aber, wenn über eine Scheidung nachgedacht wird, sollten die finanziellen Weichen gestellt werden.

Höchste Zeit für eine Anspruchssicherung wird es im „Trennungsjahr“. Nur wer frühzeitig informiert ist, kann die richtigen Maßnahmen treffen, um nicht das Nachsehen zu haben.

Mit dieser Checkliste soll Ihnen ein Überblick über Ihr Verhalten im Trennungsjahr sowie Ihre möglichen Ansprüche gegeben und die wichtigsten Schritte skizziert werden, wie Sie Ihre Ansprüche insbesondere im Trennungsjahr, dem Vorfeld des eigentlichen Scheidungsverfahrens, sichern können, welches dann vor Gericht stattfindet und bei dem Sie regelmäßig von einem Anwalt begleitet werden. Zahlreiche Checklisten helfen Ihnen dabei, daß Sie nichts vergessen und die bereits erledigten Positionen abhaken können.

*Finn Zwißler*

Finn Zwißler, Rechtsanwalt
Sophienstraße 2, 80333 München
Tel.: 0 89 / 55 02 73 11, Fax: 0 89 / 54 82 90 79
E-Mail: Finn_Zwißler_Rechtsanwalt@t-online.de

# Was Scheidung juristisch bedeutet

Mit Scheidung ist juristisch nur die Tatsache gemeint, daß die einst durch eine Heirat geschlossene Ehe wieder aufgehoben wird. Zuständig für diese Aufhebung der Ehe ist der Staat, vor dem die Ehe auch eingegangen wurde. Die Scheidung der Ehe erfolgt jedoch nicht, wie die Eheschließung, vor dem Standesbeamten („Friedensrichter"), sondern vor dem ordentlichen Gericht, d. h. vor dem Familienrichter.

Mit einer Heirat ist aber nicht nur die Tatsache verknüpft, daß zwei Menschen „sich die ewige Treue schwörten", sondern zahlreiche weitere, vor allem auch rechtliche Folgen.

Diese mit der Ehe einst eingegangenen rechtlichen Folgen müssen im Rahmen des Scheidungsverfahrens (mit-)auseinanderdividiert werden. Der Unterhalt unter den Ehegatten und für die Kinder muß geklärt werden. Eine Auseinandersetzung des Hausrates, der Ehewohnung sowie des gesamten Vermögens muß stattfinden. Das Sorgerecht für und der Umgang mit den Kindern bedarf einer Regelung. Ein Rentenausgleich, d. h. juristisch gesprochen ein Versorgungsausgleich, steht zur Debatte.

**Tip:** **Bereits im Trennungsjahr sollte über diese Punkte eingehend diskutiert werden.**

| Prüfkriterien | Bemerkungen |
| --- | --- |
| ■ Welcher Ehegatte zahlt dem anderen Ehegatten wieviel **Unterhalt**? | ............................ <br> ............................ |
| ■ Wer zahlt wieviel **Unterhalt für die Kinder**? | ............................ <br> ............................ <br> ............................ |

# 1 Definition: Scheidung

## Was Scheidung juristisch bedeutet

| | Bemerkungen |
|---|---|
| ■ Wie wird der **Hausrat** aufgeteilt? | ........................... |
| ■ Wer bleibt in der **Ehewohnung,** oder was soll mit dieser geschehen? | ........................... |
| ■ Wieviel oder was bekommt jeder vom **Vermögen**? | ........................... |
| ■ Kann das gemeinsame **Sorgerecht** praktiziert werden, oder wer erhält sonst das alleinige Sorgerecht? | ........................... |
| ■ Wie wird beim alleinigen Sorgerecht des einen der **Umgang** des anderen mit den Kindern vereinbart? | ........................... |
| ■ Wie wird die **Altersrente** gesichert? | ........................... |

# Wann Sie sich scheiden lassen können

## Zerrüttungsprinzip

Ihre Ehe kann geschieden werden, wenn sie gescheitert ist. Eine Ehe ist im Sinne des Gesetzes gescheitert, wenn die Lebensgemeinschaft nicht mehr besteht und nicht mehr erwartet werden kann, daß die Ehegatten sie wiederherstellen (§ 1565 Abs. 1 BGB).

Demnach reicht als Scheidungsgrund die Zerrüttung der Ehe aus. Auf ein Verschulden, d. h. darauf, wer die Zerrüttung herbeigeführt hat, weil er/sie sich beispielsweise einem neuen Partner zugewandt hat, kommt es im deutschen Scheidungsrecht (anders als noch bis vor gut zwei Jahrzehnten) nicht mehr an. Der Gesetzgeber hat damit im Rahmen einer Scheidung das „Verschuldensprinzip" aufgegeben und sich für das „Zerrüttungsprinzip" entschieden. Einziger Scheidungsgrund ist folglich die Zerrüttung der Ehe.

***Achtung:***
*Ein weiterer Grund für die Scheidung muß nicht vorhanden sein!*

## Einjährige Trennung

Das Ende der Lebensgemeinschaft führt jedoch grundsätzlich nicht sofort zur Möglichkeit einer Scheidung. Leben Sie mit Ihrem Ehegatten noch nicht ein Jahr getrennt, so kann Ihre Ehe nur geschieden werden, wenn die Fortsetzung der Ehe für denjenigen, der die Scheidung will, aus Gründen, die in der Person des anderen liegen, eine unzumutbare Härte darstellen würde (§ 1565 Abs. 2 BGB). Sie müssen also nach dem Willen des Gesetzgebers grundsätzlich ein Jahr getrennt leben, damit Ihre Ehe geschieden werden kann, auch wenn Sie und sogar auch Ihr Partner die Ehe viel früher für unwiederbringlich zerrüttet halten und Sie sich beide bereits vor Ablauf eines Jahres eine Versöhnung nicht vorstellen können.

## Wann Sie sich scheiden lassen können

### Unzumutbare Härte

Einzig eine unzumutbare Härte würde eine Scheidung vor Ablauf eines Jahres der Trennung begründen. Für das Merkmal „unzumutbare Härte" gilt jedoch ein strenger Maßstab. Schwierigkeiten, Unstimmigkeiten oder sonstige Zerwürfnisse reichen zur Bejahung einer unzumutbaren Härte nicht aus. Es muß dem Partner unzumutbar sein, trotz Trennung, die Ehe bis zum Ablauf eines Jahres fortzusetzen. Dies wird nur bei besonders außergewöhnlichen Umständen, wie beispielsweise bei wiederholten tätlichen Angriffen oder krankhafter Trunksucht, angenommen.

### Einverständliche Scheidung

Leben Sie allerdings bereits seit einem Jahr getrennt und wollen beide die Scheidung, wird unwiderlegbar vermutet, daß die Ehe gescheitert ist (§ 1566 Abs. 1 BGB). Wenn Sie also bereits seit einem Jahr getrennt leben und beide die Scheidung beantragen oder der eine dem Scheidungsantrag des anderen zustimmt, können Sie nach dem Trennungsjahr einverständlich geschieden werden.

### Streitige Scheidung bei einjähriger, aber noch nicht dreijähriger Trennung

Stimmt der andere Ehegatte nicht zu, muß die Zerrüttung der Ehe positiv festgestellt und nachgewiesen werden, sofern die Ehegatten zwar ein Jahr, aber noch nicht drei Jahre getrennt leben. Eine Zerrüttung wird aber bereits angenommen werden können, wenn einer der Ehegatten bereits eine eheähnliche Lebensgemeinschaft mit einem neuen Partner eingegangen ist.

## Dreijährige Trennung

Will der andere die Scheidung nicht und kann die Zerrüttung nicht anderweitig festgestellt werden, fordert der Gesetzgeber eine Trennungszeit von drei Jahren. Wenn der andere nicht zustimmt, wird erst unwiderlegbar vermutet, daß die Ehe gescheitert ist, sofern die Ehegatten drei Jahre getrennt leben (§ 1566 Abs. 1 BGB).

## Härteklauseln

Eine ganz große Ausnahme bilden die Fälle der sog. „Härteklauseln", wonach eine Ehe auf absehbare Zeit nicht geschieden werden kann. Danach soll eine Ehe nicht geschieden werden, obwohl sie zerrüttet ist, wenn und solange die Aufrechterhaltung der Ehe im Interesse der aus der Ehe hervorgegangenen minderjährigen Kinder aus besonderen Gründen ausnahmsweise notwendig ist oder wenn und solange die Scheidung für den anderen Ehegatten, der die Scheidung ablehnt, aufgrund außergewöhnlicher Umstände eine so schwere Härte darstellen würde, daß die Aufrechterhaltung der Ehe auch unter Berücksichtigung der Belange desjenigen, der die Scheidung will, ausnahmsweise geboten erscheint (§ 1568 BGB).

***Achtung:***

*Die Härteklauseln schließen eine Scheidung nicht schlechterdings aus, sondern nur eine „Scheidung zur Unzeit". Die Härteklauseln sollen nur in krassen Ausnahmefällen Anwendung finden und vor allem nicht bereits bei dem stets vorkommenden Trennungsschmerz, den Kinder verspüren, wenn sich ihre Eltern scheiden lassen wollen, oder der häufig noch bestehenden Zuneigung des nicht scheidungswilligen Ehegatten, eingreifen. Erforderlich sind vielmehr außergewöhnliche und unerträgliche Umstände, die dazu führen, daß ein minderjähriges Kind oder der nicht scheidungswillige Ehegatte die Trennung für das weitere Leben unerträglich empfinden. Aufgrund dieser besonders engen Voraussetzungen kommt die Anwendung einer der beiden Härteklauseln in der Praxis höchst selten vor.*

## Wann Sie sich scheiden lassen können

### Checkliste: Scheidungsgründe

- Scheitern der Ehe
- Die Ehe ist gescheitert, wenn die Lebensgemeinschaft nicht mehr besteht und nicht erwartet werden kann, daß sie wiederhergestellt wird: Zerrüttungsprinzip
- Mindesttrennungsdauer
  Ausnahme: Fortsetzung der Ehe würde unzumutbare Härte bedeuten, dann keine Mindesttrennungsdauer, sondern Scheidung sofort

  Ein Jahr und Einverständnis des anderen oder positive Feststellung der Zerrüttung

  Drei Jahre: Weder Einverständnis des anderen noch positive Feststellung der Zerrüttung mehr erforderlich
- Krasser Ausnahmefall: Scheidung zur Unzeit bei schwerer Härte für gemeinsame minderjährige Kinder oder den nicht scheidungswilligen Ehegatten

# Was zur Trennung alles gehört

## Getrenntleben

Getrennt leben Sie von Ihrem Ehegatten erst, wenn zwischen Ihnen keine häusliche Gemeinschaft mehr besteht und Sie oder Ihr Ehegatte die häusliche Gemeinschaft erkennbar nicht mehr herstellen wollen, weil die eheliche Lebensgemeinschaft abgelehnt wird. Nicht unbedingt erforderlich ist für eine Trennung, daß einer der Ehegatten aus der Wohnung auszieht. Die häusliche Gemeinschaft besteht auch dann nicht mehr, wenn Sie innerhalb der ehelichen Wohnung von Ihrem Partner getrennt leben (§ 1567 Abs. 1 BGB).

## Grundsatz der totalen Trennung

Allerdings gilt der Grundsatz der totalen Trennung. Voraussetzung für die Trennung ist danach, daß die Gemeinsamkeiten grundsätzlich in allen Lebensbereichen aufgegeben werden. Dies bedeutet, daß Sie sich mit Ihrem Ehegatten das gemeinsame Eheschlafzimmer nicht mehr teilen dürfen. Auch stehen gemeinsames Essen und gemeinsame Freizeitgestaltung einer Trennung im Rechtssinne entgegen und zwar selbst dann, wenn dies nur der Kinder wegen geschehen sollte. Gegenseitige Dienstleistungen, wie beispielsweise Waschen und Kochen, dürfen nicht mehr erbracht werden.

**Wichtig:**
Vereinzelte Sorgetätigkeiten und Beistand in der Not, z. B. bei Krankheit, schaden dagegen nicht. Ebensowenig Sorgetätigkeiten, die ausschließlich den Kindern dienen sollen oder Dienstleistungen im Rahmen eines gemeinsamen Gewerbebetriebes.

## Was zur Trennung alles gehört

### Trennung innerhalb der gemeinsamen Wohnung

Auch in der gemeinsamen Wohnung kann und muß eine „Trennung von Tisch und Bett“ erfolgen. Dafür ist jedoch erforderlich, daß nicht nur der andere Ehegatte das Schlafzimmer verläßt und von nun an auf dem Wohnzimmersofa schläft, sondern die gesamte gemeinsame Nutzung der ehelichen Wohnung muß aufgehoben und die Benutzung von Küche, Bad, Wohnzimmer sowie sonstigen Räumen unter den Ehegatten aufgeteilt werden.

### Trennung in „ehefeindlicher Absicht“

Ferner ist wichtig, daß zumindest bei einem der Ehegatten auch eine Trennungsabsicht vorliegt. Dies ist vor allem für die Fälle von Bedeutung, in denen eine Trennung zunächst nur aus beruflichen, gesundheitlichen (z. B. langer Krankenhausaufenthalt) oder sonstigen (z. B. bei Verbüßung einer Haftstrafe), mit dem Bestand der Ehe nicht zusammenhängenden Gründen, stattfand.

**Beispiel:** **Ist der Ehemann bereits vor einem Jahr aus beruflichen Gründen in eine andere Stadt gezogen und bestand die Ehe von da an nur noch in einer Wochenendbeziehung, kann sie nicht sofort geschieden werden, da die Ehegatten sich zunächst nur gezwungenermaßen trennen mußten und nicht in der Absicht, sich endgültig zu trennen, bzw. sich scheiden zu lassen. Es muß eine Trennung in „ehefeindlicher Absicht“ erfolgt sein.**

Eine Trennung in ehefeindlicher Absicht ist natürlich auch während einer Trennung aus anderen Gründen möglich. So kann die Ehefrau beispielsweise ihrem in Strafhaft sitzenden Ehemann einen Brief zusenden, in dem sie zum Ausdruck bringt, daß sie an der Ehe nicht mehr festhalten will.

## Versöhnungsversuch

Das Gesetz gestattet jedoch Versöhnungsversuche. Ein (Wieder-)Zusammenleben über kürzere Zeit, das der Versöhnung der Ehegatten dienen soll, unterbricht oder hemmt die Frist des Trennungsjahres nicht (§ 1567 Abs. 2 BGB). Dadurch möchte der Gesetzgeber verhindern, daß die Ehegatten Versöhnungsversuche aus Furcht davor unterlassen, daß die Frist des Trennungsjahres nach gescheitertem Versöhnungsversuch wieder von neuem zu laufen beginnt. Ein drei Monate andauernder Versöhnungsversuch wird allerdings nicht mehr als ein „Zusammenleben über kürzere Zeit“ betrachtet werden können und daher die einjährige Frist unterbrechen. Auch eine erfolgreiche Versöhnung und eine darauffolgende zweite Trennung wird die einjährige Trennungsfrist erneut beginnen lassen.

***Achtung:***

*Für die dreijährige Frist kann allerdings ein über mehrere Monate andauernder Versöhnungsversuch unschädlich sein, wenn die Ehegatten zuvor bereits lange getrennt waren.*

### Checkliste: „Trennung von Tisch und Bett“

- **Keine häusliche Gemeinschaft** darf mehr bestehen.
- Zumindest einer der Ehegatten will die häusliche Gemeinschaft erkennbar nicht mehr herstellen.
- Die eheliche Lebensgemeinschaft wird abgelehnt.
- Die häusliche Gemeinschaft besteht auch bei **Getrenntleben innerhalb der ehelichen Wohnung** nicht mehr.
- Es gilt der **Grundsatz der totalen Trennung:** Die Gemeinsamkeiten müssen grundsätzlich in allen Lebensbereichen aufgegeben werden.

## Was zur Trennung alles gehört

- Kein gemeinsames Eheschlafzimmer, Essen und gemeinsame Freizeitgestaltung sowie gegenseitige Dienstleistungen (z. B. Waschen und Kochen) mehr.

- Vereinzelte Sorgetätigkeiten und Beistand in der Not (z. B. bei Krankheit) sowie Sorgetätigkeiten, die ausschließlich den Kindern dienen sollen, oder Dienstleistungen im Rahmen eines gemeinsamen Gewerbebetriebes schaden dagegen nicht.

- Bei Trennung innerhalb der Ehewohnung muß die **gesamte gemeinsame Nutzung der Wohnung aufgehoben** und die Benutzung von Küche, Bad, Wohnzimmer sowie sonstigen Räumen unter den Ehegatten aufgeteilt werden.

- **Trennungsabsicht** („Trennung in ehefeindlicher Absicht") muß mindestens bei einem der Ehegatten vorliegen (Problem bei langem Krankenhausaufenthalt oder Verbüßung einer Haftstrafe, Auslandstätigkeit, Wochenendehe beachten!)

- **Versöhnungsversuch:** Ein Zusammenleben über kürzere Zeit, das der Versöhnung dienen soll, unterbricht oder hemmt die Frist des Trennungsjahres nicht.

# Welche Beweise wichtig sind

## Nachweis der Heirat

Es mag zunächst etwas kurios klingen, daß bei einer Scheidung die Heirat nachgewiesen werden muß. Geschieden werden können aber nur Ehen und vor allem nur Ehen, die auch wirksam geschlossen wurden. Der Nachweis der Eheschließung, was natürlich letztlich eine reine Formalität ist, die allerdings zwingend eingehalten werden muß, erfolgt durch Vorlage der Heiratsurkunde, deren beglaubigter Abschrift oder eines Auszuges aus dem Familienbuch. Spätestens im Scheidungstermin müssen diese Unterlagen vorliegen.

**Wichtig:**
Diese Unterlagen sollten – sofern sie nicht mehr vorhanden sind – möglichst frühzeitig, spätestens im Trennungsjahr beschafft werden. Zwar benötigen die deutschen Standesämter für die Ausstellung dieser Urkunden regelmäßig maximal nur einige Wochen. Müssen aber Unterlagen von ausländischen Behörden beschafft werden, kann es schnell einige Monate dauern, bis die Urkunden mit öffentlich beglaubigter Übersetzung vorliegen.

## Nachweis der Personenidentität

Damit das Gericht weiß, wen es scheidet und wer insbesondere im Scheidungstermin tatsächlich den Scheidungsantrag stellt und diesem zustimmt, wird von den Gerichten auch die Vorlage eines gültigen Personalausweises oder Reisepasses im Termin verlangt. Auch insoweit sollte bereits im Trennungsjahr dafür gesorgt werden, daß diese Dokumente mit noch ausreichender Gültigkeitsdauer vorhanden sind.

## Welche Beweise wichtig sind

### Nachweis der Trennungsdauer

Die Trennungsdauer wird im Scheidungsverfahren vom Gericht überprüft. Dies geschieht regelmäßig durch Einvernahme der Ehegatten als Partei. Nun kann es aber vorkommen, daß einer der Ehegatten, der die Scheidung plötzlich nicht mehr will, keine Angaben macht oder gar schwindelt, dergestalt, daß er behauptet, die Eheleute lebten gar nicht oder erst seit zu kurzer Zeit getrennt. In einem solchen Fall hätte ein Gericht Schwierigkeiten, die Ehe zu scheiden, es sei denn, der scheidungswillige Ehegatte bringt andere Beweise dafür, daß die Eheleute bereits seit über einem Jahr getrennt leben. Dies kann beispielsweise durch Zeugenaussagen von Bekannten und Verwandten oder Nachbarn geschehen. Aber auch diese sind nicht immer loyal oder wollen sich in die Scheidung nicht einmischen. Oftmals wird auch der Gang zum Gericht gescheut.

**Tip:** **Beschaffen Sie sich daher möglichst frühzeitig schriftliche Bestätigungen, wenn Sie fürchten müssen, daß Sie im Scheidungsverfahren keinen „Verbündeten" haben werden. Auch müssen die Zeugen das „Getrenntleben", also beispielsweise die neue Wohnung oder die alte, aber umgeräumte Wohnung, gesehen haben. Als Beweismittel kommen ferner in Betracht Mietverträge über eine neue Wohnung oder Bestätigungen von der Einwohnermeldebehörde. Letztlich können Fotoaufnahmen und Videoaufzeichnungen der aufgeteilten Wohnung nicht schaden.**

### Umfassende Kenntnisse über die Einkünfte des anderen

Oftmals weiß der eine Ehegatte nicht vom anderen, was dieser verdient. In einem späteren Unterhaltsprozeß führt dies häufig zu großen Beweisschwierigkeiten und zeitaufwendigen Auskunftsklagen. Wer daher mit dem Gedanken an eine Scheidung spielt, sollte sich möglichst frühzeitig, solange er noch Einblick hat, über die Einkommensverhältnisse des anderen informieren, insbesondere wo und als was dieser genau arbeitet, wieviel er exakt verdient, ob eine Beförderung bevorsteht, auf welches Konto bei welcher Bank die Gehaltszahlungen erfolgen. Ist das Scheidungsverfahren einmal eingeleitet, werden oft freiwillig keine Auskünfte mehr erteilt und wichtige Unterlagen, wie beispielsweise Gehaltsbescheinigungen und Kontoauszüge, weggesperrt oder an einen sicheren Ort gebracht.

## Transparenz der Vermögensverhältnisse des anderen

Für die Frage eines eventuellen Zugewinnausgleichsanspruchs sind umfassende Detailkenntnisse über das Vermögen des anderen dringend erforderlich. Möglichst früh sollten daher sämtliche Bankverbindungen mit Name und Sitz des Kreditinstituts sowie Kontonummern und Guthaben bekannt sein. Wird die Scheidung zum Thema, verschwinden oftmals recht rasch irgendwelche Guthaben unbekannt ins Ausland.

***Achtung:***

*Können später keine konkreten Angaben gemacht werden, bleibt es oftmals nur noch bei Vermutungen, die zur Durchsetzung eines Anspruches nicht ausreichen.*

Auch sonstige Vermögensgegenstände sollten so genau wie möglich bezeichnet werden können. Bei Grundstücken wäre dringend ein Grundbuchauszug oder wenigstens die Kenntnis des genauen Lageorts erforderlich. Von Versicherungen sollte wenigstens das Unternehmen und ihre Art bekannt sein (Lebensversicherung, Unfallversicherung etc.), am besten aber auch Versicherungsnummer und Höhe des Kapitals.

## Verzeichnis über die Gegenstände des anderen

Über einzelne Gegenstände, wie Uhren und Schmuck, aber auch technische Geräte, Mobiliar, Kunstgegenstände oder Kraftfahrzeuge, Segelboote etc. sollte ein Verzeichnis aufgestellt werden. Nach der Trennung wird oftmals das Vorhandensein einzelner Gegenstände in Vergessenheit geraten oder die genaue Bezeichnung schwerfallen. Eine genaue Bezeichnung kann aber zur Geltendmachung von Ansprüchen erforderlich werden.

## Welche Beweise wichtig sind

### Dokumentation vorwerfbarer Verhaltensweisen

Im Rahmen des Verfahrens über das Sorgerecht für die gemeinsamen Kinder kann auch das Verhalten des anderen große Bedeutung erlangen. Das gilt ebenso im Falle einer streitigen Scheidung nach einjähriger Trennung, wenn also der andere der Scheidung nicht zustimmt und die Trennung zwar ein Jahr, aber noch nicht drei Jahre gedauert hat oder bei einer Härtescheidung bei Trennungsdauer von weniger als einem Jahr. Das Verhalten muß daher genauestens dokumentiert werden. Allgemeine Formulierungen, wie „der Ehemann habe stets die Kinder mißhandelt“ oder „die Ehefrau wäre allabendlich betrunken“, reichen vor Gericht nicht aus. Für den Vorwurf anstößiger Verhaltensweisen ist zunächst ein schlüssiger Vortrag nach Tag, Uhrzeit, Ort und vor allem genaue Beschreibung des Verhaltens erforderlich.

**Tip:** **Es empfehlen sich Aufzeichnungen in Form eines Tagebuches. Ferner muß u. U. das Verhalten auch beweisbar sein. Neben Zeugen (z. B. Nachbarn, Bekannte, Verwandte) kommen beispielsweise auch Polizeiprotokolle von nächtlichen Einsätzen in der Ehewohnung, Trunkenheitsfahrten des Ehegatten etc. in Betracht.**

### Checkliste: Nachweis im Scheidungsverfahren

- Heiratsurkunde oder Auszug aus dem Familienbuch – jeweils im Original oder in beglaubigter Abschrift
- Gültiger Personalausweis oder Reisepaß
- Beschaffen Sie sich möglichst frühzeitig Bestätigungen im Zusammenhang mit dem Trennungszeitpunkt: Zeugen, Mietverträge, Bestätigungen von der Einwohnermeldebehörde, Fotoaufnahmen und Videoaufzeichnungen.

- Solange noch Einblick möglich ist, sollten Sie sich über die Einkommensverhältnisse des anderen informieren: exakter Verdienst, genauer Name der Firma, bevorstehende Beförderung, Konto bei welcher Bank.

- Für die Frage eines eventuellen Zugewinnausgleichsanspruchs sind umfassende Detailkenntnisse über das Vermögen des anderen dringend erforderlich: Kontonummern und Guthaben, Grundbuchauszug, von Versicherungen sollte wenigstens das Unternehmen und ihre Art bekannt sein.

- Eine genaue Bezeichnung der Gegenstände des anderen kann zur Geltendmachung von Ansprüchen erforderlich werden: Verzeichnis aufstellen!

- Im Rahmen des Verfahrens über das Sorgerecht für die gemeinsamen Kinder oder im Falle einer streitigen Scheidung oder für eine Härtescheidung kann auch das Verhalten des anderen große Bedeutung erlangen. Sammeln Sie also auch insoweit Nachweise: Tag, Uhrzeit, Ort und vor allem genaue Beschreibung des Verhaltens, Aufzeichnungen in Form eines Tagebuches, Zeugen, Protokolle.

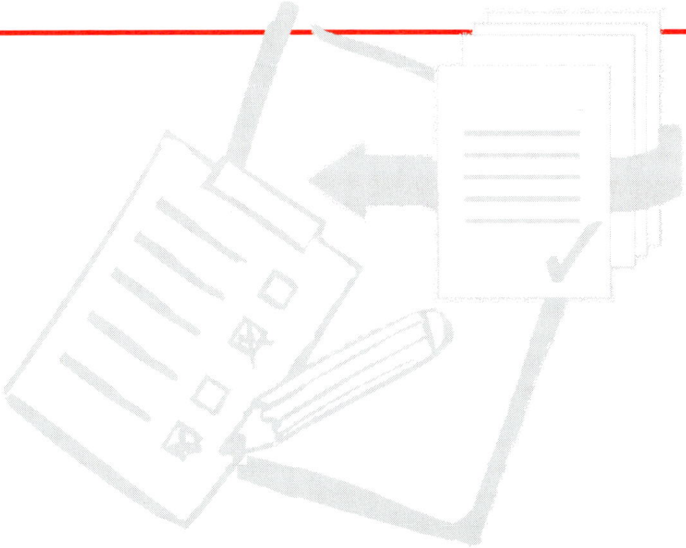

# Das müssen Sie erledigen!

## Rechtsanwalt aufsuchen

Eine Ehe kann regelmäßig nicht sofort geschieden werden, wenn sich die Partner „verkracht“ haben. Grundsätzlich ist zumindest das Trennungsjahr abzuwarten. Wenn der andere Partner nicht zustimmt, kann die Trennungsphase sogar drei Jahre dauern, sofern die Zerrüttung nicht anderweitig nachgewiesen wird (z. B. eheähnliches Verhältnis mit neuem Partner). Spätestens einige Monate nach der Trennung wird wenigstens einer der Partner, regelmäßig derjenige, von dem der stärkere Scheidungsimpuls ausgeht, einen Rechtsanwalt aufsuchen und diesen mit der Einreichung der Scheidung beauftragen.

## Scheidungsvereinbarung treffen oder Ehevertrag schließen

Spätestens jetzt sollten die Parteien versuchen, eine Einigung über die Scheidungsfolgesachen herbeizuführen. Der Rechtsanwalt bzw. die Rechtsanwälte, sofern beide Partner anwaltlich vertreten sind, wird nach den Angaben der Parteien eine sogenannte Scheidungsvereinbarung fertigen, indem er die Vorstellungen der Parteien in die richtige juristische Form bringt und zugleich in den Einigungsprozeß beratend eingreift. Kommt eine Scheidungsvereinbarung zustande, wird diese von beiden Parteien unterschrieben. Soll der Scheidungsantrag nicht alsbald eingereicht werden, kommt anstatt einer Scheidungsvereinbarung der Abschluß eines Ehevertrages in Betracht.

## Scheidung einreichen

Regelmäßig nach Ablauf des Trennungsjahres, frühestens einige Monate davor, wird der Rechtsanwalt die Scheidung beim Amtsgericht einreichen. Wenn eine Scheidungsvereinbarung zustande gekommen ist, wird diese dem Scheidungsantrag sogleich beigefügt. Das gleiche geschieht mit einem Ehevertrag, soweit ein solcher vorhanden ist. Kommt es zu Verzögerungen mit der Scheidungsvereinbarung, kann diese auch nachgereicht werden. Wird überhaupt keine Einigung erzielt, müssen die einzelnen Punkte im Rahmen des Scheidungsverfahrens ausgestritten werden, was dieses erheblich verzögert. Nützen Sie daher bereits die Zeit des Trennungsjahres, um mit Ihrem Partner zu einer Einigung zu gelangen.

## Scheidungsantrag zustimmen

Das Amtsgericht vergibt zunächst ein Aktenzeichen und stellt den Scheidungsantrag dem anderen Partner mit der Aufforderung zur Stellungnahme zu. In dieser Stellungnahme sollte der andere Partner dem Scheidungsantrag zustimmen. Tut er dies nicht, müßte die Scheidung streitig entschieden werden, schlimmstenfalls kann noch eine Trennungszeit von weiteren zwei Jahren notwendig sein (dreijährige Trennung).

**Tip:** **Wichtig ist daher im Sinne einer schnellen Scheidung, daß der scheidungswillige Partner den anderen bereits im Trennungsjahr von der Notwendigkeit der Scheidung überzeugt und sich dessen Zustimmung versichert.**

**Die Zustimmung kann auch bereits in die Scheidungsvereinbarung als deklaratorische Klausel aufgenommen werden.**

## Versorgungsausgleich vorbereiten

Das Gericht wird sodann den Parteien Vordrucke für den Versorgungsausgleich übersenden. Diese müssen von den Parteien ausgefüllt an das Gericht zurückgeschickt werden.

**Tip:** **Auch insoweit sollte die Zeit des Trennungsjahres genutzt werden, indem sämtliche Rentennachweise bereits zusammen gesammelt werden. Das Ausfüllen der Formulare geht dann meist leichter und schneller, wodurch bei einer raschen Rücksendung an das Gericht das Verfahren wiederum beschleunigt wird.**

## Das müssen Sie erledigen!

### Scheidungstermin einplanen

Ist mit einer einverständlichen Scheidung zu rechnen, wird das Gericht sodann bald einen Termin zur mündlichen Verhandlung, d. h. den Scheidungstermin bestimmen, zu dem beide Partner persönlich erscheinen müssen.

In diesem Termin kann es dann, wenn auch bereits die wichtigsten Folgesachen geklärt werden konnten, zur Scheidung kommen, welche das Gericht dann „im Namen des Volkes“ durch Urteil aussprechen wird.

### Checkliste: Ihr Fahrplan

- Trennung vollziehen.
- Spätestens einige Monate nach der Trennung einen Rechtsanwalt aufsuchen.
- Scheidungsvereinbarung aushandeln oder Ehevertrag schließen.
- Den Partner bereits im Trennungsjahr von der Notwendigkeit der Scheidung überzeugen und sich dessen Zustimmung sichern.
- Rentennachweise zusammen sammeln.
- Scheidung einreichen.

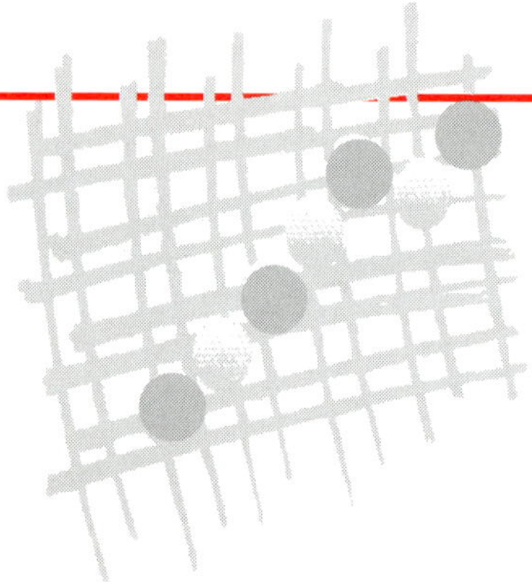

# Wo Ihre Scheidung stattfindet

Zuständig für das Scheidungsverfahren ist das Amtsgericht und dort der Familienrichter. Amtsgerichte gibt es in Deutschland jedoch in jeder größeren Stadt, weshalb der Gesetzgeber eine Regelung über die örtliche Zuständigkeit einführen mußte. Diese Zuständigkeitsregelung sieht alternativ abgestuft mehrere Möglichkeiten vor, was dazu führen kann, daß Sie für Ihre Scheidung an einen anderen Ort fahren müssen, als Ihrem Wohnort.

Sie können einen Anwalt Ihres Vertrauens mit Ihrer Scheidung beauftragen, den Sie schon länger kennen, auch wenn dieser seine Kanzlei nicht am Gerichtsort hat. Dieser wird dann entweder selbst zum Gerichtsort anreisen oder mit einem ihm wiederum vertrauten Kollegen vor Ort zusammenarbeiten, was allerdings die Kosten etwas erhöhen wird, im Verhältnis dazu, wenn Sie gleich einen Rechtsanwalt am Gerichtsort beauftragen.

## Checkliste: Örtliche Zuständigkeit

Örtlich zuständig für Ihre Scheidung ist das Amtsgericht,

- in dessen Bezirk Sie und Ihr Ehegatte ihren gewöhnlichen Aufenthalt haben;
- wenn dies zwei verschiedene Orte sind, wo der Ehegatte mit den gemeinsamen Kindern wohnt bzw. wenn keine gemeinsamen Kinder vorhanden sind, das Amtsgericht des Ortes, wo Sie während der Ehe zuletzt Ihren gemeinsamen gewöhnlichen Aufenthalt hatten, wenn einer dort noch wohnt.
- Fehlt es auch an einem letzten gemeinsamen gewöhnlichen Aufenthalt, an dem einer der Ehegatten noch wohnt, ist das Amtsgericht örtlich zuständig, wo der Antragsgegner seinen gewöhnlichen Aufenthalt hat.
- Wenn ein Ehegatte unbekannt verzogen ist, kann die Scheidung beim Amtsgericht am Wohnort des Antragstellers eingereicht werden.

# Planen Sie großzügig!

Eine Scheidungsdauer von unter einem Jahr bildet die Ausnahme. Nur eine unzumutbare Härte kann eine Scheidung vor Ablauf eines Jahres der Trennung begründen. Für das Merkmal „unzumutbare Härte“ gilt aber ein strenger Maßstab.

Den Regelfall bildet die Scheidung nach einjähriger Trennung. Hierbei ist jedoch zweierlei zu beachten. Zum einen setzt die Scheidung nach einjähriger Trennung grundsätzlich das Einverständnis des anderen Ehepartners voraus, welches nicht oder unter Umständen erst nach einer gewissen Zeit gegeben wird, beispielsweise erst nach einer Trennungszeit von zwei Jahren. Zum anderen dauert das Scheidungsverfahren vor Gericht an sich zwischen mindestens drei Monaten bis zu nicht selten einem Jahr oder teilweise noch länger. Die Dauer hängt ab von der Überlastung der Gerichte, liegt aber oftmals aber auch daran, daß sich das Scheidungsverfahren schwierig und langwierig gestaltet oder die Auskünfte der Rentenversicherungsträger auf sich warten lassen.

**Wichtig:**
**Vom Zeitpunkt der Trennung an sollte daher eine Zeitspanne von etwa ein bis zwei Jahren Dauer für eine Scheidung einkalkuliert werden.**

Manche Gerichte erlauben zwar den Beginn der Scheidungsformalitäten bereits einige Wochen vor Ablauf des Trennungsjahres, doch bringt dies eben auch nur einen Zeitvorteil von einigen Wochen.

Besonders in die Länge ziehen kann sich ein Scheidungsverfahren, in welchem der andere Partner nicht zustimmt. Es sind dann schlimmstenfalls drei Jahre Trennungszeit abzuwarten, wenn die Zerrüttung nicht anderweitig nachgewiesen werden kann (z. B. dadurch, daß eine eheähnliche Lebensgemeinschaft mit einem neuen Partner eingegangen wurde).

**_Achtung:_**

*Hinzu kommt, daß sich das Scheidungsverfahren bei zerstrittenen Paaren allein wegen der streitigen Verhandlungen über die Folgesachen nochmals gesondert hinziehen kann, so daß eine Dauer des Scheidungsverfahrens vom Tag der Trennung an gerechnet auch durchaus fünf Jahre und länger betragen kann.*

Zwar wird die eigentliche Scheidung nach Ablauf der dreijährigen Trennungszeit meist rasch vonstatten gehen. Langwierig wird aber häufig die Klärung des Unterhalts und etwaiger Zugewinnausgleichsansprüche.

**Tip:** **Es empfiehlt sich dringend, bereits im Vorfeld des Scheidungsverfahrens den anderen Ehegatten von der Notwendigkeit der Scheidung zu überzeugen und sich dessen Zustimmung zu sichern. Denn dadurch beschleunigt sich das Scheidungsverfahren erheblich.**

# Was bereits im Trennungsjahr gerichtlich geklärt werden kann

Bereits mit der Trennung wird die Ehe faktisch geschieden, wenn auch auf die juristische Scheidung regelmäßig noch mindestens ein Jahr gewartet werden muß. Aber bereits mit der Trennung treten Probleme auf, die juristischer Klärung bedürfen.

## Unterhalt

Bereits mit dem ersten Monat der Trennung wird die Frage des Unterhaltes akut.

**Beispiel:** **Der berufstätige Partner ist aus der Ehewohnung ausgezogen und hat das Haushaltskonto gesperrt. Der die Kinder betreuende Partner muß nun irgendwie die Miete bezahlen und benötigt Geld für den täglichen Einkauf etc.**

## Sorgerecht

Häufig kommt es auch zu Problemen im Zusammenhang mit dem Sorgerecht für die Kinder. Ein richtiger Streit unter den Ehegatten muß da nicht einmal vorliegen.

**Beispiel:** **Die Mutter möchte mit dem minderjährigen Kind zum Urlaub nach Marokko reisen und beantragt beim Einwohnermeldeamt einen Kinderausweis. Leben die Ehegatten getrennt, wird die Einwohnermeldebehörde den Ausweis nur ausstellen, wenn auch der Vater den Antrag unterschreibt. Ist dieser nicht erreichbar, muß u. U. die Reise verschoben werden, es sei denn, es würde bereits ein Beschluß über das Sorgerecht existieren, welchen die Mutter der Einwohnermeldebehörde vorlegt.**

METROPOLITAN WALHALLA FIT FOR BUSINESS

# INFORMATIONSANFORDERUNG

## ;chneller per Telefax 0211/680 20 82:

h interessiere mich speziell für folgende Themenbereiche:

- ◯ Selbstmanagement, Motivation und Kommunikation
- ◯ Privater Vermögensaufbau: Geld, Börse, Steuern
- ◯ Vorsorge, Recht und Rat
- ◯ Berufswahl/Berufsorientierung: Weiterbildung
- ◯ Werben, Verkaufen, Multimedia
- ◯ Junge Selbständigkeit

iese Karte entnahm ich dem Buch.......................................................................................................

**;itte schicken Sie Informationen an neine Privatadresse:**

______________________
lame/Vorname

______________________
;traße

______________________
'LZ, Ort

______________________
'elefon/Telefax

'ir speichern Ihre Daten elektronisch.
eine Weitergabe, kein Verkauf.

**oder an meine Firmenadresse/Dienststelle:**

______________________
Firma

______________________
Name/Vorname

______________________
Abteilung/Position

______________________
Straße

______________________
PLZ, Ort

______________________
Telefon/Telefax

## Umgangsrecht

Auch eine Regelung zum Umgangsrecht kann bereits im Trennungsjahr erforderlich werden.

**Beispiel:** **Die Ehegatten hatten vereinbart, daß der Vater das Kind am zweiten Weihnachtsfeiertag zu sich nimmt und sodann mit ihm eine Woche zum Skifahren geht. Die Mutter bricht diese Vereinbarung und hat eine zweiwöchige Reise während der gesamten Weihnachtsferien mit dem Kind nach Frankreich zu den Großeltern gebucht. Der Vater will zwar nicht das alleinige Sorgerecht, aber doch wenigstens mit dem Kind den vereinbarten Skiurlaub verbringen.**

## Ehewohnung

Zankapfel bereits während des Trennungsjahres oder gerade im Trennungsjahr ist verständlicherweise die Ehewohnung.

**Beispiel:** **Beide Partner haben zwar festgestellt, daß die ständigen Streitereien nur beendet werden können, wenn man sich trennt. Aber wie die Trennung vonstatten gehen soll, ist noch nicht ganz klar, weil beide in der Ehewohnung bleiben wollen, da es sich bei dieser um ein Schnäppchen in besonders schöner Wohngegend handelt. Aufgrund der Raumaufteilung kommt aber innerhalb der Ehewohnung eine Trennung nicht in Betracht. Somit kann bereits im Trennungsjahr eine gerichtliche Zuweisung der ehelichen Wohnung an nur einen Partner erforderlich werden.**

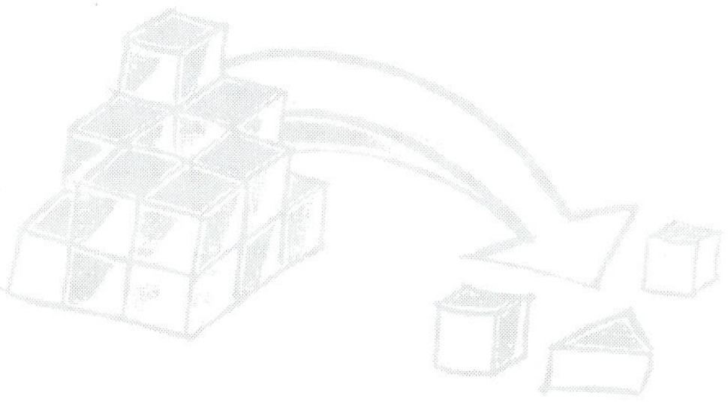

## Was bereits im Trennungsjahr gerichtlich geklärt werden sollte

### Hausrat

Große Streitereien gerade im Trennungsjahr gibt es hin und wieder über die Verteilung des Hausrates.

**Beispiel:** **Zwar konnte über die Trennung eine Einigung erzielt werden und auch darüber, daß der Ehemann die Wohnung der Frau mit dem gemeinsamen Kind überläßt. Erbittert wird jedoch darüber gestritten, ob der Mann den erst kürzlich angeschafften Fernseher nebst Videorecorder mitnehmen darf.**

In all den eben genannten Beispielfällen wird u. U. ein sofortiges gerichtliches Einschreiten erforderlich, was unser Scheidungsverfahrensrecht grundsätzlich zuläßt. Auch wenn eine Scheidung noch nicht zulässig ist, können einzelne Folgesachen bereits geregelt werden. Die Regelungen erfolgen allerdings nur vorläufig per einstweiliger Anordnung bzw. einstweiliger Verfügung, d. h. vorbehaltlich einer anderen Entscheidung nach vertiefter Prüfung im späteren Scheidungsverfahren.

# Trennungsunterhalt: wann?

Nicht erst nach der Scheidung, sondern bereits, wenn die Ehegatten getrennt leben, kann ein Ehegatte von dem anderen einen den Lebensverhältnissen und den Erwerbs- und Vermögensverhältnissen der Ehegatten angemessenen Unterhalt verlangen (§ 1361 Abs. 1 BGB).

Der nicht erwerbstätige Ehegatte kann nur dann darauf verwiesen werden, seinen Unterhalt durch Erwerbstätigkeit selbst zu verdienen

- wenn dies von ihm nach seinen persönlichen Verhältnissen, insbesondere wegen seiner früheren Erwerbstätigkeit unter Berücksichtigung der Dauer der Ehe
- und nach den wirtschaftlichen Verhältnissen beider Ehegatten erwartet werden kann (§ 1361 Abs. 1 BGB).

**Wichtig:**
Der Trennungsunterhalt muß in Geld gewährt werden und zwar monatlich im voraus (§ 1361 Abs. 4 Satz 1, 2 BGB).

# Trennungsunterhalt: Wieviel?

Bei der Berechnung des Umfanges des Trennungsunterhaltes kommt es stets (etwas anders beim Unterhalt nach der Scheidung) maßgebend auf die ehelichen Lebensverhältnisse an.

Der Anspruch auf Trennungsunterhalt setzt aber grundsätzlich Bedürftigkeit des Unterhaltsberechtigten und Leistungsfähigkeit des Unterhaltsverpflichteten voraus. Mangelnde Bedürftigkeit kann den Unterhaltsanspruch ausschließen oder mindern. Ebenso kann mangelnde Leistungsfähigkeit zu einem Unterhaltsausschluß bzw. zu einer verminderten Zahlungspflicht führen. Die Schwierigkeit der Unterhaltsberechnung liegt darin, das für den Unterhalt einsetzbare Einkommen zu bewerten.

## Checkliste: Bedürftigkeit des Unterhaltsberechtigten

- Bedürftigkeit liegt nicht vor, solange der Ehegatte über ausreichende eigene Einkünfte verfügt, mit denen er seinen Unterhalt bestreiten kann.
- Soweit die Kinderbetreuung dem nicht entgegensteht, ist eine eigene Erwerbstätigkeit zumutbar.
- Bei zumutbarer Erwerbstätigkeit werden die Einkünfte fiktiv hinzugerechnet, die hätten erzielt werden können.
- Zum fiktiv hinzuzurechnenden Einkommen zählt auch das eigentlich an Fremde zu zahlende Entgelt bei der Haushaltsführung für den neuen Partner, allerdings nur, sofern eine eheähnliche Lebensgemeinschaft besteht.
- Ebenso bedarfsmindernd wirkt, wenn vom nichtehelichen neuen Partner Unterhaltsleistungen in Geld oder Naturalleistungen (z. B. Einkauf der Lebensmittel, mietfreies Wohnen etc.) empfangen werden.
- Bedarfsmindernd wirkt auch das mietfreie Wohnen, und zwar sogar dann, wenn nicht der Leistungspflichtige die Miete bezahlt oder diesem die Wohnung gehört, sondern auch, wenn diese im Eigentum des Bedürftigen steht.

- Den Vermögensstamm braucht der Unterhaltsberechtigte für seinen Bedarf dagegen nicht anzutasten.
- Schulden des Unterhaltsberechtigten erhöhen regelmäßig nicht dessen Bedürftigkeit.

### Checkliste: Leistungsfähigkeit des Unterhaltsverpflichteten

- Einkünfte sowie Vermögen und das, was er verdienen könnte
- Unter Umständen muß der Unterhaltsverpflichtete auf den Vermögensstamm zurückgreifen, um den Trennungsunterhalt zahlen zu können.
- Als Selbstbehalt verbleibt dem Unterhaltsverpflichteten zumindest der notwendige Eigenbedarf, der DM 1.300,00 (bei Erwerbslosigkeit des Unterhaltsverpflichteten) oder DM 1.500,00 (bei Erwerbstätigkeit des Unterhaltsverpflichteten) beträgt.
- Leistungsmindernd wirken sich Unterhaltsverpflichtungen gegenüber Kindern, auch nichtehelichen oder aus früherer Ehe, aus.
- Schulden des Unterhaltsverpflichteten vermindern regelmäßig nicht dessen Leistungsfähigkeit.

## Unterhaltsumfang in Mark und Pfennig

Die Checklisten zur Bedürftigkeit und zur Leistungsfähigkeit können Ihnen leider nur Verhandlungsargumente zu einer einvernehmlichen Regelung zwischen Ihnen und Ihrem Ehepartner liefern. Wenn Sie sich nicht einigen, ist eine genaue Unterhaltsberechnung erforderlich, die eine fachmännische Prüfung im Einzelfall – welche Einkünfte nun exakt in Ansatz gebracht werden dürfen – notwendig macht.

## Trennungsunterhalt: Wieviel?

**Wichtig:**
Vereinfacht ausgedrückt: Der Unterhaltsberechtigte hat Anspruch auf etwa 3/7 der ansetzbaren Einkünfte des Unterhaltsverpflichteten.

### Faustregel zum Unterhaltsumfang

Der voll bedürftige Ehegatte hat Anspruch auf 3/7 vom Nettoeinkommen des Unterhaltsverpflichteten, von dem zuvor noch der Kindesunterhalt abgezogen wird. Bei eigenen Einkünften des Unterhaltsberechtigten erhält dieser 3/7 des Unterschiedsbetrages beider Nettoeinkommen, sofern das des Unterhaltsverpflichteten auch noch nach Abzug des Kindesunterhaltes höher ist.

**Beispiel 1:** **Der Ehemann hat monatliche Nettoeinkünfte in Höhe von DM 8.000,00 und bezahlt einen mit der Ehefrau vereinbarten monatlichen Kindesunterhalt in Höhe von DM 1.000,00. Die Ehefrau hat keine eigenen Einkünfte.**

Die DM 8.000,00 sind um den Kindesunterhalt zu bereinigen, so daß DM 7.000,00 verbleiben. Hiervon erhält die Ehefrau 3/7, d. h. DM 3.000,00. Dem Ehemann verbleiben DM 4.000,00. Den Kindesunterhalt in Höhe von DM 1.000,00 erhält derjenige, bei dem das Kind wohnt.

**Beispiel 2:** **Der Ehemann hat monatliche Nettoeinkünfte in Höhe von DM 8.000,00 und bezahlt einen mit der Ehefrau vereinbarten monatlichen Kindesunterhalt in Höhe von DM 1.000,00. Die Ehefrau hat Nettoeinkünfte aus einer Halbtagstätigkeit in Höhe von DM 2.000,00.**

Die DM 8.000,00 sind wieder um den Kindesunterhalt zu bereinigen, so daß DM 7.000,00 verbleiben. Aus den beiden Nettoeinkünften ist die Differenz zu bilden. Diese ergibt DM 5.000,00. Von der Differenz, also den DM 5.000,00 erhält die Ehefrau 3/7, d. h. DM (5.000 : 7 x 3 = ) 2.142,87. Die Ehefrau verfügt damit letztlich über einen monatlichen Betrag in Höhe von DM 4.142,87, nämlich DM 2.142,87 Unterhalt und DM 2.000,00 eigene Einkünfte. Hinzu kommen die DM 1.000,00, sofern das Kind bei der Mutter wohnt, die jedoch nur für den Unterhalt des Kindes verwendet werden dürfen. Der Ehemann verfügt über monatlich DM 4.857,13 (7.000,00 – 2.142,87).

## Herabsetzung des Unterhaltsanspruches aus Billigkeitsgründen

Der grundsätzlich bestehende Unterhaltsanspruch kann aus Billigkeitsgründen herabgesetzt, zeitlich begrenzt oder sogar versagt werden, soweit die Inanspruchnahme des Unterhaltsverpflichteten auch unter Wahrung der Belange eines gemeinsamen Kindes grob unbillig wäre. Eine grobe Unbilligkeit liegt vor wenn:

- der Unterhaltsberechtigte sich eines Verbrechens oder eines schweren vorsätzlichen Vergehens gegen den Unterhaltsverpflichteten oder einen nahen Angehörigen des Unterhaltsverpflichteten schuldig gemacht hat, zum Beispiel schwere Körperverletzung, Falschaussage im Unterhaltsprozeß,
- der Unterhaltsberechtigte seine Bedürftigkeit mutwillig herbeigeführt hat, zum Beispiel Ausschlagung einer angebotenen Verdienstmöglichkeit, Selbstverstümmelung, Verringerung der Anstellungschancen wegen Wohnungswechsel aufs Land,

## Trennungsunterhalt: Wieviel?

- der Unterhaltsberechtigte sich über schwerwiegende Vermögensinteressen des Unterhaltsverpflichteten mutwillig hinweggesetzt hat, zum Beispiel Denunziationen gegenüber Geschäftspartnern, wissentlich falsche oder leichtfertige Strafanzeigen,
- der Unterhaltsberechtigte vor der Trennung längere Zeit hindurch seine Pflicht, zum Familienunterhalt beizutragen, gröblich verletzt hat, zum Beispiel gröbliche Vernachlässigung der Haushaltsführung oder der Sorge für die Kinder über längere Zeit,
- dem Unterhaltsberechtigten ein offensichtlich schwerwiegendes, eindeutig bei ihm liegendes Fehlverhalten gegen den Verpflichteten zur Last fällt, zum Beispiel Trennung aus einer reinen Laune heraus ohne äußeren Anlaß, um beispielsweise „frei sein zu können", oder während noch bestehender Ehe Aufnahme eines eheähnlichen Verhältnisses zu einem Dritten, es sei denn, der andere hat sich seinerseits von den ehelichen Bindungen losgesagt,
- oder wenn ein anderer Grund vorliegt, der ebensoschwer wiegt wie die eben aufgeführten Gründe, zum Beispiel Geschlechtsumwandlung (strittig), Prostitution, Zuhälterei, Unterhaltsneurose, insbesondere aber auch das Eingehen einer eheähnlichen Lebensgemeinschaft, was aber nicht in jedem Zusammenleben mit einem neuen Lebenspartner zu sehen ist, sondern nur dann, wenn das neue Zusammenleben eben eheähnlich ist, das nichteheliche Zusammenleben also an die Stelle der Ehe getreten ist und lediglich der Trauschein noch fehlt (gewisse Dauer, gegenseitige Versorgungsleistungen etc.).

# Wie Sie den Kindesunterhalt vereinbaren können

Bei der Vereinbarung des Kindesunterhaltes sollten Sie sich natürlich an die gesetzliche Regelung als Untergrenze halten. Derjenige, der das Kind aufzieht und bei dem es wohnt, leistet Naturalunterhalt (Kochen, Waschen etc.). Der andere Unterhaltspflichtige leistet monatlich im voraus Unterhalt in Geld.

## Angemessener Unterhalt

### Kind von 0 - 5 Jahren

- Nettoeinkommen des Unterhaltspflichtigen bis DM 2.400,00: **DM 355,00**
- Nettoeinkommen des Unterhaltspflichtigen von DM 2.400,00 bis DM 2.700,00: **DM 380,00**
- Nettoeinkommen des Unterhaltspflichtigen von DM 2.700,00 bis DM 3.100,00: **DM 405,00**
- Nettoeinkommen des Unterhaltspflichtigen von DM 3.100,00 bis DM 3.500,00: **DM 430,00**
- Nettoeinkommen des Unterhaltspflichtigen von DM 3.500,00 bis DM 3.900,00: **DM 455,00**
- Nettoeinkommen des Unterhaltspflichtigen von DM 3.900,00 bis DM 4.300,00: **DM 480,00**
- Nettoeinkommen des Unterhaltspflichtigen von DM 4.300,00 bis DM 4.700,00: **DM 505,00**
- Nettoeinkommen des Unterhaltspflichtigen von DM 4.700,00 bis DM 5.100,00: **DM 533,00**
- Nettoeinkommen des Unterhaltspflichtigen von DM 5.100,00 bis DM 5.800,00: **DM 568,00**
- Nettoeinkommen des Unterhaltspflichtigen von DM 5.800,00 bis DM 6.500,00: **DM 604,00**
- Nettoeinkommen des Unterhaltspflichtigen von DM 6.500,00 bis DM 7.200,00: **DM 639,00**
- Nettoeinkommen des Unterhaltspflichtigen von DM 7.200,00 bis DM 8.000,00: **DM 675,00**
- Nettoeinkommen über DM 8.000,00 nach den Umständen des Falles

## Wie Sie den Kindesunterhalt vereinbaren können

### Kind von 6 - 11 Jahren

- Nettoeinkommen des Unterhaltspflichtigen bis DM 2.400,00: **DM 431,00**
- Nettoeinkommen des Unterhaltspflichtigen von DM 2.400,00 bis DM 2.700,00: **DM 462,00**
- Nettoeinkommen des Unterhaltspflichtigen von DM 2.700,00 bis DM 3.100,00: **DM 492,00**
- Nettoeinkommen des Unterhaltspflichtigen von DM 3.100,00 bis DM 3.500,00: **DM 522,00**
- Nettoeinkommen des Unterhaltspflichtigen von DM 3.500,00 bis DM 3.900,00: **DM 552,00**
- Nettoeinkommen des Unterhaltspflichtigen von DM 3.900,00 bis DM 4.300,00: **DM 582,00**
- Nettoeinkommen des Unterhaltspflichtigen von DM 4.300,00 bis DM 4.700,00: **DM 613,00**
- Nettoeinkommen des Unterhaltspflichtigen von DM 4.700,00 bis DM 5.100,00: **DM 647,00**
- Nettoeinkommen des Unterhaltspflichtigen von DM 5.100,00 bis DM 5.800,00: **DM 690,00**
- Nettoeinkommen des Unterhaltspflichtigen von DM 5.800,00 bis DM 6.500,00: **DM 733,00**
- Nettoeinkommen des Unterhaltspflichtigen von DM 6.500,00 bis DM 7.200,00: **DM 776,00**
- Nettoeinkommen des Unterhaltspflichtigen von DM 7.200,00 bis DM 8.000,00: **DM 819,00**
- Nettoeinkommen über DM 8.000,00 nach den Umständen des Falles

### Kind von 12 - 17 Jahren

- Nettoeinkommen des Unterhaltspflichtigen bis DM 2.400,00: **DM 510,00**
- Nettoeinkommen des Unterhaltspflichtigen von DM 2.400,00 bis DM 2.700,00: **DM 546,00**

- Nettoeinkommen des Unterhaltspflichtigen von DM 2.700,00 bis DM 3.100,00: **DM 582,00**
- Nettoeinkommen des Unterhaltspflichtigen von DM 3.100,00 bis DM 3.500,00: **DM 618,00**
- Nettoeinkommen des Unterhaltspflichtigen von DM 3.500,00 bis DM 3.900,00: **DM 653,00**
- Nettoeinkommen des Unterhaltspflichtigen von DM 3.900,00 bis DM 4.300,00: **DM 689,00**
- Nettoeinkommen des Unterhaltspflichtigen von DM 4.300,00 bis DM 4.700,00: **DM 725,00**
- Nettoeinkommen des Unterhaltspflichtigen von DM 4.700,00 bis DM 5.100,00: **DM 765,00**
- Nettoeinkommen des Unterhaltspflichtigen von DM 5.100,00 bis DM 5.800,00: **DM 816,00**
- Nettoeinkommen des Unterhaltspflichtigen von DM 5.800,00 bis DM 6.500,00: **DM 867,00**
- Nettoeinkommen des Unterhaltspflichtigen von DM 6.500,00 bis DM 7.200,00: **DM 918,00**
- Nettoeinkommen des Unterhaltspflichtigen von DM 7.200,00 bis DM 8.000,00: **DM 969,00**
- Nettoeinkommen über DM 8.000,00 nach den Umständen des Falles

### Kind ab 18 Jahren

- Nettoeinkommen des Unterhaltspflichtigen bis DM 2.400,00: **DM 589,00**
- Nettoeinkommen des Unterhaltspflichtigen von DM 2.400,00 bis DM 2.700,00: **DM 631,00**
- Nettoeinkommen des Unterhaltspflichtigen von DM 2.700,00 bis DM 3.100,00: **DM 672,00**
- Nettoeinkommen des Unterhaltspflichtigen von DM 3.100,00 bis DM 3.500,00: **DM 713,00**
- Nettoeinkommen des Unterhaltspflichtigen von DM 3.500,00 bis DM 3.900,00: **DM 754,00**
- Nettoeinkommen des Unterhaltspflichtigen von DM 3.900,00 bis DM 4.300,00: **DM 796,00**

## Wie Sie den Kindesunterhalt vereinbaren können

- Nettoeinkommen des Unterhaltspflichtigen von DM 4.300,00 bis DM 4.700,00: **DM 837,00**
- Nettoeinkommen des Unterhaltspflichtigen von DM 4.700,00 bis DM 5.100,00: **DM 884,00**
- Nettoeinkommen des Unterhaltspflichtigen von DM 5.100,00 bis DM 5.800,00: **DM 943,00**
- Nettoeinkommen des Unterhaltspflichtigen von DM 5.800,00 bis DM 6.500,00: **DM 1.002,00**
- Nettoeinkommen des Unterhaltspflichtigen von DM 6.500,00 bis DM 7.200,00: **DM 1.061,00**
- Nettoeinkommen des Unterhaltspflichtigen von DM 7.200,00 bis DM 8.000,00: **DM 1.120,00**
- Nettoeinkommen über DM 8.000,00 nach den Umständen des Falles

Die Tabelle weist angemessene Unterhaltsbeträge unter Berücksichtigung von Unterhaltszahlungen gegenüber einem Ehegatten und zwei Kindern aus. Sollte die Zahl unterhaltsberechtigter Kinder größer oder kleiner oder dem Ehegatten kein Unterhalt zu zahlen sein, ist eine entsprechend höhere oder niedrigere Stufe zu wählen.

## Muster-Vereinbarung des Kindesunterhaltes

Die Mutter leistet Naturalunterhalt. Der Vater leistet bis zu einer Erhöhung seiner Einkünfte zu Händen der Mutter Unterhalt in Höhe von monatlich DM 515,00. Die Unterhaltszahlungen sind jeweils im voraus spätestens am dritten Werktag eines jeden Monats auf ein von der Mutter zu benennendes Konto zur Anweisung zu bringen, erstmals mit dem auf die Trennung folgenden Monat.

# Die Reform des Kindschaftsrechts

Der Gesetzgeber hat das Kindschaftsrecht neu geregelt und dabei mehr oder weniger berücksichtigt, daß eine Familie heute nicht mehr nur aus Ehefrau, Ehemann und Kindern besteht, sondern oft nur aus Mutter, Kind und Lebensgefährte, aus Vater, Kind und Lebensgefährtin, aus Mutter, Vater und Kind, wobei Vater und Mutter nicht verheiratet sind, oder aus einer „Patchwork-Familie", d. h. Lebensgefährte, Lebensgefährtin und Kindern von verschiedenen früheren Lebensgefährten oder Lebensgefährtinnen. Nicht zur Stärkung dieser neuen Lebensformen, sondern zum Wohle vor allem des nichtehelichen Kindes, traten ab 1. Juli 1998 einige wesentliche Neuerungen in Kraft, die sich aber auch auf eheliche Kinder auswirken.

## Im Überblick: Die Reformen

- Regelmäßig gilt nunmehr das gemeinsame Sorgerecht.
- Bei allen familienrechtlichen Entscheidungen steht von nun an das Kindeswohl im Mittelpunkt.
- Ein Anspruch des Kindes auf Eltern, also sowohl auf Mutter als auch auf Vater, ist ein Leitgedanke des neuen Gesetzes.
- In vielen Bereichen werden Vater und Mutter dazu aufgefordert, ohne Hilfe der Justiz Konflikte selbst zu lösen.

## Altes Recht

Der Vater hatte nach alter Rechtslage grundsätzlich wenig Chancen, das Sorgerecht für sein eigenes Kind zu bekommen.

Gänzlich unbekannt war dem alten Recht die Frage, ob das Kind ein Umgangsrecht hat, ob es einen Anspruch auf Umgang mit Vater oder Mutter hat, wenn Vater oder Mutter das Kind gar nicht sehen wollen.

## Die Reform des Kindschaftsrechts

Wenn sich die Mutter von ihrem Ehemann trennte und mit einem neuen Partner ein Kind bekam, so war das Kind, das aus der neuen Lebensgemeinschaft stammte, ein eheliches Kind der alten Ehe, wenn es noch im gesetzlich relevanten Zeitraum während nur noch formal bestehender Ehe empfangen wurde. Ein Anfechtungsrecht der Mutter bestand nicht. Ebenso nicht ein Anfechtungsrecht des Kindes, solange die Ehe noch bestand. Auch war eine Einigung zwischen Mutter, früherem Ehemann und neuem Partner vom Gesetz nicht vorgesehen.

## Neues Recht

- Bei verheirateten Eltern gilt automatisch das gemeinsame Sorgerecht.
- Wenn der Vater oder die Mutter das Kind nicht sehen will bzw. das Umgangsrecht nur unzuverlässig wahrnimmt, kann das Kind nach neuem Recht über das Jugendamt einen Antrag auf Durchsetzung des Umgangsrechts oder Besuchsrechts stellen.
- Nunmehr kann das „nichteheliche Kind“, das während einer bestehenden Ehe geboren wurde, aber von dem neuen Lebensgefährten der Mutter stammt, während bestehender Ehe die zwar juristisch zunächst schon, aber tatsächlich nicht gegebene Vaterschaft gegenüber dem Ex-Ehemann der Mutter anfechten. Ebenso kann die Mutter die Vaterschaft anfechten, oder der Ex-Ehemann und der natürliche Vater sowie die Mutter einigen sich darauf, den natürlichen Vater zum wirklichen Vater zu erklären.
- Nach neuem Recht kann zur Wahrung der Belange des Kindes ein unabhängiger „Anwalt“ des Kindes eingesetzt werden. Dies wird ein Sozialarbeiter, Kinderpsychologe oder Richter sein.

# Dringender Regelungsbedarf bereits im Trennungsjahr

Regelungen in diesen Bereichen empfehlen sich bereits im Trennungsjahr dringend, bzw. sind vom Gesetz im Falle einer Scheidung vorgeschrieben. Die tatsächlichen Umstände ändern sich vor allem dann, wenn die Ehegatten nicht in der gemeinsamen Ehewohnung getrennt leben, sondern einer ausgezogen ist oder beide eine neue Wohnung genommen haben.

**Tip:** **Regelungen auf freiwilliger Basis je nach Zeit und Möglichkeiten sind zwar praktischer, funktionieren aber leider nur in den seltensten Fällen. Meist endet dies irgendwann in einer heftigen Auseinandersetzung. Treffen Sie daher besser gleich im vorhinein feste Vereinbarungen, solange es noch nicht zum Streit gekommen ist.**

## Regelung des Sorgerechts

Auch wenn das Sorgerecht einem der Partner alleine übertragen werden kann, empfiehlt sich zum Wohle des Kindes regelmäßig das gemeinsame Sorgerecht, welches grundsätzlich automatisch gilt. Zur praktischen Durchführbarkeit beim Getrenntleben der Ehegatten muß jedoch vereinbart werden, bei welchem von beiden Ehegatten das Kind wohnt. Es kann dem Kind nämlich nicht zugemutet werden, daß es wöchentlich oder gar täglich zwischen den beiden Wohnungen hin und her pendelt. Derjenige, bei dem das Kind wohnt, muß zusätzlich vom anderen Ehegatten für eilige Entscheidungen mit einer umfassenden Vollmacht hinsichtlich des Sorgerechts ausgestattet werden, vor allem dann, wenn die Wohnungen nicht nah beieinander liegen.

**! Wichtig:**

Bei Wohnungen in getrennten Städten, oder wenn die Partner besonders zerstritten sind, sollte um einer kontinuierlichen Erziehung willen besser das alleinige Sorgerecht gewählt werden. Was letztlich besser ist, kann nur im Einzelfall entschieden werden. In jedem Fall hat jedoch allein das Wohl des Kindes im Vordergrund zu stehen und keinesfalls die Selbstverwirklichung eines der Ehegatten.

## Dringender Regelungsbedarf bereits im Trennungsjahr

### Vereinbarung des Umgangsrechts

Wurde das alleinige Sorgerecht eines Ehegatten vereinbart, sollten Sie bei dem Maß der Großzügigkeit des Umgangsrechtes beachten, daß es regelmäßig dem Wohle und dem Wunsch des Kindes entspricht, wenn ein großzügiges Umgangsrecht vereinbart wird. Andererseits darf das Kind nicht ständig aus seiner gewohnten Umgebung gerissen werden und sozusagen zwischen Tür und Angel leben.

Die Eltern dürfen dabei keinesfalls an ihre eigenen Interessen denken. Auch wenn der Einfluß des Vaters oder der Mutter angeblich noch so schädlich für das Kind sein mag, wird dies – von seltenen Ausnahmefällen abgesehen – kaum so schlimm für das Kind sein wie die Tatsache, ohne Vater oder ohne Mutter aufwachsen zu müssen.

Auch müssen sonstige Eigeninteressen der Eltern zurückstecken. So kann ein großzügiges Umgangsrecht praktikabel nur ausgeübt werden, wenn der Partner, dem es zusteht, dies auch ausüben kann, was aber wiederum nicht möglich ist, wenn der Vater beispielsweise nach Berlin zieht und die Mutter mit dem Kind in München wohnenbleibt. In einem solchen Fall sollte die Entscheidung zum Umzug des Vaters nach Berlin lieber überdacht werden.

***Achtung:***

*Es dient nicht dem Wohle des Kindes, wenn sich die Eltern jeweils einbilden, es sei das Beste für das Kind, wenn es gerade Weihnachten, Ostern, Geburtstage oder die Ferien mit ihm und nicht dem anderen Elternteil verbringt. Hinter dieser oft wohlgemeinten Sorge der Eltern steckt leider regelmäßig der reine Egoismus. Das Kind möchte diese Höhepunkte des Jahres mit seltenen Ausnahmen grundsätzlich bei beiden Elternteilen verbringen.*

## Muster-Vereinbarung zum Umgangsrecht

Die Parteien sind sich einig, daß ein großzügiger Umgang des Kindes mit dem Vater stattfinden soll. Grundsätzlich soll das Kind seinen Vater jederzeit anrufen oder besuchen bzw. von diesem besucht werden können, wenn es das Kind will und in diesem Wunsch nicht ausschließlich eine Trotzreaktion gegenüber der Mutter liegen sollte. Andererseits wirken beide Parteien auf ein regelmäßiges Umgangsrecht wie folgt hin:

Der Vater wird das Kind an jedem zweiten Wochenende in der Zeit von Freitag 17.00 Uhr bis Sonntag 18.00 Uhr besuchen oder zu sich nehmen. Ferner am 2. Weihnachtsfeiertag, Ostermontag und Pfingstmontag, jeweils von 17.00 Uhr des Vorabends bis 18.00. Die Sommerferien verbringt das Kind zur Hälfte beim Vater. Ebenso verbringt das Kind eine Woche der Weihnachtsferien und eine Woche der Osterferien beim Vater. Will die Mutter die gesamten Weihnachtsferien einschließlich Feiertage mit dem Kind wegfahren, so verbringt das Kind die gesamten Osterferien einschließlich Feiertage beim Vater.

Die Besuchszeiten für Ferien und Feiertage sprechen die Partner jeweils drei Monate vorher ab.

**Tip:** **Gerade eine Vereinbarung über das Umgangsrecht halten viele Partner für überflüssig und zwar dann, wenn sie sich erst frisch getrennt haben. Die Praxis zeigt aber, daß die anfängliche Großzügigkeit oft schnell weicht, vor allem, wenn neue Partner ins Spiel kommen. Eine bereits vorliegende Vereinbarung ist nicht nur unter dem Aspekt sinnvoll, daß der eine den anderen zur Einhaltung der Vereinbarung auffordern kann, sondern auch unter dem Aspekt, daß sich die Partner und vor allem das Kind an einen (weil vereinbart) nicht so leicht abänderbaren Rhythmus gewöhnen können.**

# Was das Jugendamt will

Mit der Stellung eines Antrages auf eine vorläufige Regelung des Sorgerechts im Trennungsjahr oder auf endgültige Regelung im Scheidungsverfahren wird sich das Jugendamt mit den Ehegatten als Eltern in Verbindung setzen, um bei der Entscheidung zu helfen, ob das gemeinsame Sorgerecht sinnvoll ist oder besser das Sorgerecht alleine auf einen der Ehegatten übertragen werden sollte, und wie dann das Umgangsrecht gestaltet werden kann.

**Tip:** **Es empfiehlt sich, mit dem Jugendamt gut zusammenzuarbeiten. Denn zum einen hat man es mit Fachleuten zu tun, die aufgrund ihrer Ausbildung und beruflichen Erfahrung professionellen Rat geben können, wie mit der für die Entwicklung des Kindes stets schädlichen Situation einer Trennung der Eltern umgegangen werden kann. Zum anderen wird das Jugendamt dem Gericht für dessen Entscheidung eine Stellungnahme abgeben, welche auf die Entscheidung des Gerichts großen Einfluß nimmt, wenn auch diese allein im Ermessen des Gerichts liegt und der Familienrichter nicht nur juristisch geschult ist.**

# Was aus der Ehewohnung wird

Hinsichtlich der Ehewohnung muß bereits zu Beginn der Trennung eine Regelung getroffen werden, da das Leben in der Ehewohnung bzw. die Aufgabe der Ehewohnung entscheidendes Kriterium für die bei der Scheidung zentral zu erörternden Frage nach der Trennung ist, d. h., ob eine Trennung und damit eine Zerrüttung – also ein Scheidungsgrund – überhaupt vorliegt.

***Achtung:***

*Will keiner der Ehegatten die Ehewohnung behalten, muß der Mietvertrag gekündigt werden. Sofern beide Ehegatten Mieter sind, müssen auch beide Ehegatten die Kündigung aussprechen.*

Steht die Wohnung im Eigentum eines oder auch beider Ehegatten, sollte diese rasch weitervermietet werden, damit kein Mietzinsausfall entsteht.

Wollen beide die Ehewohnung behalten, müssen die Räumlichkeiten zur Erfüllung der gesetzlichen Voraussetzungen einer Trennung aufgeteilt werden.

Ist dies nicht möglich, weil die Räumlichkeiten der Wohnung zu einer Aufteilung nicht geeignet sind oder weil die Partner in der Wohnung nicht gemeinsam wohnenbleiben wollen oder können, muß einer ausziehen. Der Auszug sollte bei einer Mietwohnung mit dem Vermieter dergestalt abgeklärt werden, daß der Vermieter den Ausziehenden aus dem Mietvertrag entläßt.

Haben sich die Partner zur Trennung entschlossen oder will nur einer von beiden getrennt leben, kann ein Ehegatte sogar gegen den Willen des anderen und auch wenn der andere, also der Ausziehende, der Eigentümer der Wohnung ist, nach dem Gesetz (§ 1361b Abs. 1 BGB) verlangen, daß ihm der andere die Ehewohnung oder einen Teil davon zur alleinigen Benutzung überläßt und sich die Wohnung gerichtlich zuweisen lassen, allerdings nur, soweit dies notwendig ist, um eine schwere Härte zu vermeiden.

## Was aus der Ehewohnung wird

**Tip:** **Sowohl bei Einigung hinsichtlich der Überlassung der Wohnung als auch bei richterlicher Zuweisung kann eine Vergütung (Mietzins) verlangt werden, wenn und soweit dies der Billigkeit entspricht. Die Vergütung wird vom Familiengericht festgesetzt, falls sich die Parteien darüber nicht gesondert einigen.**

### Checkliste: Ehewohnung

- Völlige Aufgabe, d. h. beide ziehen aus: Wohnung muß von beiden Ehegatten gekündigt werden, sofern beide im Mietvertrag stehen.
- Einer der Ehegatten zieht aus: Vermieter sollte dazu gebracht werden, daß er den Ausziehenden aus dem gemeinsamen Mietvertrag entläßt.
- Keiner der Ehegatten zieht aus: Aufteilung der Räumlichkeiten unter den Ehegatten, sonst keine Zerrüttungsvermutung.
- Keiner der Ehegatten will ausziehen oder der Ehegatte, der Eigentümer ist, zieht aus, will aber, daß auch der andere auszieht, um mit der Wohnung einen Mietzins zu erwirtschaften: Anspruch des anderen, daß ihm die Wohnung überlassen wird, notfalls sogar Zuweisung durch das Gericht, allerdings nur bei Härte und gegen Vergütung, soweit dies der Billigkeit entspricht.

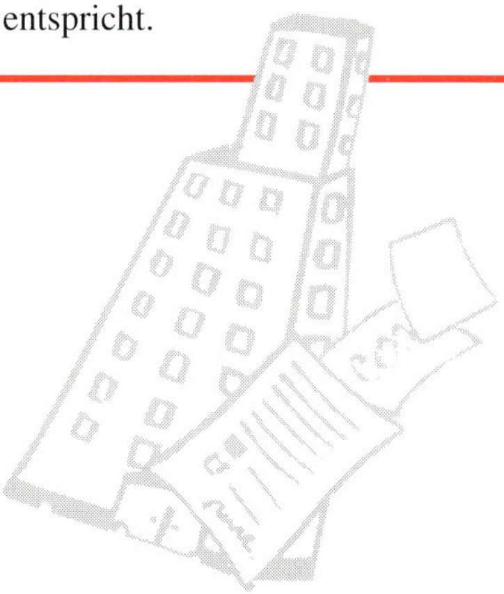

# Bei wem der Hausrat bleibt

Die Trennung bringt es regelmäßig faktisch mit sich, daß der Hausrat aufgeteilt wird, es sei denn, einer der Ehegatten kann es sich leisten, in ein Hotel zu ziehen oder sich einen komplett neuen Hausstand zu besorgen. Spätestens aber für die Scheidung ist es erforderlich, daß der Hausrat aufgeteilt wird.

***Achtung:***

*Können die Ehegatten sich nicht einigen, entscheidet später das Gericht im Scheidungsverfahren, u. U. auch vorher vorläufig, was das Scheidungsverfahren verlängern kann und in jedem Fall verteuert.*

## Checkliste: Hausrat

### Zum Hausrat gehören:

- Sofa
- Schränke
- Tische
- Betten
- Bilder (sofern zur Dekoration und nicht als kapitalbildende Maßnahme angeschafft)
- Geschirr
- Töpfe
- Rundfunkgerät
- Personal Computer (sofern nicht für den Beruf eines Ehegatten angeschafft)
- Sessel
- Regale
- Stühle
- Teppiche
- Lampen
- Besteck
- Pfannen
- Fernsehgerät
- Klavier (sofern nicht für den Beruf eines Ehegatten bestimmt)

# 16 Hausrat aufteilen

## Bei wem der Hausrat bleibt

### Zum Hausrat gehören:

- Bücher (die der Unterhaltung und der allgemeinen Belehrung dienen, nicht aber berufsbezogene Fachbücher)
- Kühlschrank
- Mikrowelle
- Bügeleisen
- Telefon (sofern nicht berufsbezogen, z. B. Handy)
- Badehandtücher
- Tischtücher
- CDs
- Gartenmöbel

- Spülmaschine
- Waschmaschine
- Staubsauger
- Bettwäsche
- Küchenhandtücher
- Servietten
- Familien-PKW

### Nicht zum Hausrat gehören:

- Kleider
- Familienandenken
- Münzsammlung
- Berufsbezogene Gegenstände, wie beispielsweise Werkzeuge oder Fachbücher
- Kunstgegenstände (sofern sie als Kapitalanlage angeschafft wurden)
- Schmucksachen
- Briefmarkenalbum
- Sparbücher

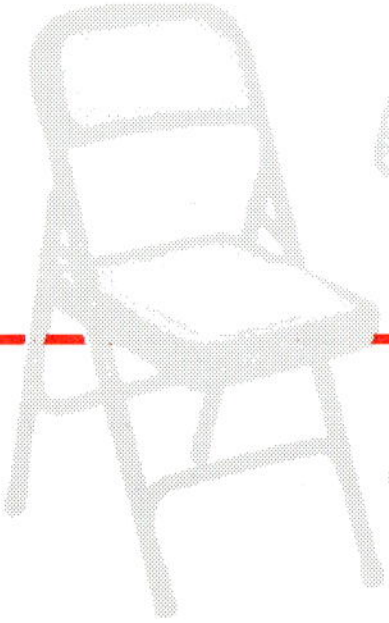

# Bürgschaften, Darlehen & Co.

Großes Augenmerk wird im Fall der Trennung oft nur auf das vorhandene Vermögen gelegt. Vergessen werden gerne die gemeinsamen Schulden. Dies gilt natürlich weniger für offenliegende Verbindlichkeiten, wo beispielsweise vom gemeinsamen Konto, auf das beide Einblick haben, die Raten abgehen. Die Gefahr lauert im Verborgenen. Häufig werden nämlich z. B. Bürgschaften gegenüber einer Bank für Darlehensverbindlichkeiten des anderen abgegeben und dies später vergessen. Dies geht so lange gut, wie der Ehegatte, für dessen Schulden gebürgt wurde, das Darlehen ordnungsgemäß zurückführt.

***Achtung:***

*Oftmals bleibt eine solche Bürgschaft bis lange über das Scheidungsverfahren hinaus im verborgenen, und eines Tages erhält der geschiedene Ehegatte, der u. U. im Scheidungsverfahren bereits auf einiges verzichtet hat oder schon viel bezahlen mußte, auch noch einen Brief von der Bank des anderen Ehegatten, die den bürgenden Ehegatten aus der Bürgschaft in Anspruch nehmen möchte, weil der andere Ehegatte seine Raten nicht mehr bezahlt.*

Diese Gefahr lauert jedoch nicht nur bei in Vergessenheit geratenen Bürgschaften, sondern bei jedem Rechtsverhältnis, welches der Ehegatte nicht als eigenes, sondern lediglich als Gefallen für den anderen Ehegatten eingegangen ist. So werden insbesondere Ehefrauen gerne nicht nur als Bürgen „mißbraucht“, sondern beispielsweise auch als „Strohmann“ für ein ganzes Unternehmen, weil der Ehemann nach einem Konkurs längere Zeit kein Unternehmen mehr führen darf. Inhaber des Unternehmens und damit für sämtliche Schulden verantwortlich ist die Ehefrau, deren einzige Handlung in bezug auf das Unternehmen aber lediglich in der Erteilung einer Generalvollmacht für den Ehemann lag.

**Tip:**

**Es kann daher nur dringend angeraten werden, die Schulden ebenso konzentriert ausfindig zu machen wie das Vermögen.**

# Die drei verschiedenen Güterstände

## Verteilung des Vermögens zwischen den Ehegatten

Die Verteilung des Vermögens zwischen den Ehegatten wird maßgebend vom Güterstand bestimmt. Unter Güterstand ist die vom Gesetzgeber vorgegebene Regelung der vermögensrechtlichen Verhältnisse der Ehegatten untereinander zu verstehen. Das Gesetz gibt drei Güterstände vor, die aber in der vorgegebenen Form nicht zwingend übernommen werden müssen, sondern durch Ehevertrag individuell abänderbar sind. Die Ehegatten können ihre güterrechtlichen Verhältnisse durch Ehevertrag geregelt, insbesondere auch nach der Eingehung der Ehe den Güterstand aufgehoben oder geändert haben (§ 1408 BGB). Bei einer Scheidung ist dies zu berücksichtigen.

## Was es für Güterstände gibt

Die drei vorgegebenen Güterstände sind die Zugewinngemeinschaft, die Gütertrennung und die Gütergemeinschaft. Die Zugewinngemeinschaft ist der Güterstand, der dann gilt, wenn ehevertraglich nicht etwas anderes vereinbart ist. Die Vorschriften zur Zugewinngemeinschaft und Gütergemeinschaft regeln die güterrechtlichen Verhältnisse jeweils sehr umfassend. Bei der Gütertrennung gibt es naturgemäß nicht so besonders viel zu regeln, weshalb auch das Gesetz dazu nicht viel Worte verliert.

## Kein gemeinschaftliches Vermögen

Die Ehegatten leben im Güterstand der Zugewinngemeinschaft, wenn sie nicht durch Ehevertrag etwas anderes vereinbaren (§ 1363 Abs. 1 BGB). Entgegen einer in der Bevölkerung weitverbreiteten Ansicht ist bei der Zugewinngemeinschaft das Vermögen des Ehemannes und das Vermögen der Ehefrau nicht gemeinschaftliches Vermögen der Ehegatten. Und zwar gilt dies auch für Vermögen, das ein Ehegatte erst nach der Eheschließung erwirbt. Das Wesentliche an der Zugewinngemeinschaft ist jedoch, daß der Zugewinn an Vermögen, den die Ehegatten während der Ehe erzielen, ausgeglichen wird, wenn die Zugewinngemeinschaft endet.

## Verwaltung des Vermögens

Das Vermögen jedes Ehegatten wird von diesem grundsätzlich selbständig verwaltet. Hiervon ausgenommen sind nur Verfügungen über das Vermögen im Ganzen und über Haushaltsgegenstände.

Über sein Vermögen im Ganzen zu verfügen kann sich ein Ehegatte nur mit Einwilligung des anderen Ehegatten verpflichten. Dies wird vor allem im Trennungsjahr bedeutsam, wenn große Vermögensgegenstände verschoben werden sollen, um den anderen zu benachteiligen. Hat ein Ehegatte sich aber ohne Zustimmung des anderen Ehegatten verpflichtet, über sein Vermögen im Ganzen zu verfügen, kann er diese Verpflichtung nur erfüllen, wenn der andere Ehegatte doch noch einwilligt. Handelt es sich um ein Geschäft, welches einer ordnungsgemäßen Verwaltung entspricht, kann die verweigerte Einwilligung aber durch das Vormundschaftsgericht ersetzt werden. Mit Vermögen im Ganzen ist nicht wirklich das gesamte Vermögen gemeint. So kann beispielsweise der Hausverkauf eine Verfügung über das Vermögen im Ganzen darstellen, auch wenn noch ein Pkw verbleibt.

***Achtung:***

*Über Haushaltsgegenstände darf ebenfalls nicht ohne Zustimmung des anderen Ehegatten verfügt werden. Verweigert der andere Ehegatte jedoch die Zustimmung ohne ausreichenden Grund oder ist er wegen Krankheit verhindert, kann die Zustimmung durch das Vormundschaftsgericht ersetzt werden.*

## Verwaltung des Vermögens

Haushaltsgegenstände, die, weil sie alt oder wertlos geworden sind, ersetzt werden, fallen in das Eigentum des Ehegatten, dem die alt oder wertlos gewordenen Gegenstände gehört haben.

### Checkliste: Berechnung des Zugewinns

- Als Zugewinn bezeichnet man den Betrag, um den das Endvermögen eines Ehegatten das Anfangsvermögen übersteigt.
- Anfangsvermögen ist das Vermögen, welches einem Ehegatten nach Abzug der Verbindlichkeiten beim Eintritt des Güterstandes gehört.
- Eintritt des Güterstandes ist die Eheschließung oder eine auch danach erfolgende Vereinbarung der Zugewinngemeinschaft, wenn diese zuvor abbedungen war.
- Endvermögen ist das Vermögen, welches einem Ehegatten nach Abzug der Verbindlichkeiten am Ende des Güterstandes gehört.
- Der Güterstand endet mit der Rechtshängigkeit des Scheidungsantrages.
- Mit Vermögen ist die Wertsumme aller Vermögensgegenstände abzüglich der Verbindlichkeiten gemeint.

## Berechnungs-Beispiele mit Lösung

**Die Ehefrau hat zu Beginn der Ehe ein Haus mit einem Verkehrswert in Höhe von DM 500.000,00. Dieses Haus ist mit Bankverbindlichkeiten in Höhe von DM 300.000,00 belastet. Ferner hat die Ehefrau noch einen Pkw mit Zeitwert in Höhe von DM 30.000,00 und ein Girokonto, welches mit DM 5.000,00 überzogen ist.**

**Das Anfangsvermögen der Ehefrau beträgt DM 225.000,00. An positiven Vermögenswerten sind das Haus mit DM 500.000,00 und der Pkw mit DM 30.000,00, d. h.**

DM 530.000,00 vorhanden. Hiervon sind aber die negativen Posten in Höhe von DM 300.000,00 und DM 5.000,00, d. h. DM 305.000,00 abzuziehen, was einen Betrag in Höhe von DM 225.000,00 ergibt.

**Lösung:**
Anfangsvermögen und Endvermögen müssen einfach nur saldiert werden.

Der Ehemann hat ein Anfangsvermögen in Höhe von DM 0,00. Die Ehefrau hat ein Anfangsvermögen in Höhe von DM 10.000,00. Das Endvermögen beträgt beim Ehemann DM 100.000,00 und bei der Ehefrau DM 200.000,00.

Die Ehefrau hat einen Zugewinn in Höhe von DM 190.000,00 und der Ehemann in Höhe von DM 100.000,00.

**Lösung:**
Übersteigt der Zugewinn des einen Ehegatten den Zugewinn des anderen, so steht die Hälfte des Überschusses dem anderen Ehegatten als Ausgleichsforderung zu (§ 1378 BGB).

Die Ehefrau hat einen Zugewinn in Höhe von DM 190.000,00 und der Ehemann in Höhe von DM 100.000,00.

Damit übersteigt der Zugewinn der Ehefrau den Zugewinn des Ehemannes um DM 90.000,00. Die Hälfte dieses Überschusses steht dem Ehemann gegen die Ehefrau als Zugewinnausgleichsanspruch zu, d. h. DM 45.000,00.

**Lösung:**
Die Verbindlichkeiten können beim Anfangsvermögen nur bis zur Höhe des Vermögens abgezogen werden. Wenn dabei die Verbindlichkeiten höher sind als das Vermögen, würde sich eigentlich ein negatives Vermögen

## Verwaltung des Vermögens

ergeben. Dies ist aber nach den gesetzlichen Vorschriften ausgeschlossen. Ehevertraglich kann hingegen vereinbart sein, daß auch ein negatives Vermögen in Ansatz kommt. Wenn ein Ehegatte größere Schulden hat, ist es möglich, daß ein entsprechendes negatives Vermögen vereinbart wurde, da andernfalls der verschuldete Ehegatte einerseits während der Ehe seine Schulden hätte abtragen können und andererseits zusätzlich noch am Zugewinn des anderen Ehegatten teilgenommen hätte.

Die Ehefrau hat Anfangsvermögen in Höhe von DM 100.000,00 und der Ehemann in Höhe von DM 500.000,00 Schulden. Während der Ehe erwirtschaften sowohl Ehefrau als auch Ehemann DM 500.000,00.

Der Ehemann hat am Ende des Güterstandes zwar nur ein Vermögen in Höhe von DM 0,00, da er seine Schulden abbezahlen mußte. Die Ehefrau hat ein Vermögen in Höhe von DM 600.000 (DM 100.000,00 + DM 500.000,00). Da aber nach den gesetzlichen Vorschriften ein negatives Anfangsvermögen nicht zulässig ist, beträgt auch der Zugewinn des Ehemannes nur DM 0,00 wohingegen der der Ehefrau DM 500.000,00 beträgt. Der Ehemann hätte demnach gegen die Ehefrau einen Zugewinnausgleichsanspruch in Höhe der Hälfte des Zugewinns, d. h. in Höhe von DM 250.000,00. Von den gemeinsam erwirtschafteten DM 1.000.000,00 hätte damit der Ehemann DM 750.000,00 für sich beansprucht und die Ehefrau nur DM 250.000,00.

**Lösung:**

- Damit nicht auf Kosten des Zugewinns eines Ehegatten die Schulden des anderen bezahlt werden, wird u. U. eine ehevertragliche Vereinbarung vorliegen, in der auch die Schulden in Form eines negativen Anfangsvermögens in Ansatz gebracht wurden.
- Wenn Sie während des Güterstandes eine Erbschaft gemacht haben, mit Rücksicht auf ein künftiges Erbrecht, durch Schenkung oder als Ausstattung Vermögen erworben haben, so wird dies nach Abzug der Verbindlichkeiten dem Anfangsvermögen hinzugerechnet. An diesen Erwerbstatbeständen wird also Ihr Ehegatte im Rahmen des Zugewinnausgleichs nicht profitieren.

Denn alles, was dem Anfangsvermögen hinzugerechnet wird, kann den Zugewinn nicht erhöhen. Den Zugewinn erhöhend wirken sich nur Vermögensmassen aus, die dem Endvermögen hinzuzurechnen sind.

- Grundsätzlich ist Endvermögen das Vermögen, welches einem Ehegatten nach Abzug der Verbindlichkeiten am Ende des Güterstandes gehört. Einige Vermögenswerte sind dem Endvermögen jedoch hinzuzurechnen, obwohl sie nicht mehr im Vermögen vorhanden sind. Dies geschieht deswegen, damit nicht ein Ehegatte durch zu mißbilligendes Verhalten sein Endvermögen einfach vermindern kann, um dadurch den anderen Ehegatten aus welchen Gründen auch immer um seinen Zugewinn zu bringen.

- Das Endvermögen wird um den Betrag erhöht, um den es vermindert ist, weil der Ehegatte Zuwendungen gemacht hat, durch die er nicht einer sittlichen Pflicht oder einer auf den Anstand zu nehmenden Rücksicht entsprochen hat. Das Endvermögen wird ferner um den Betrag erhöht, um den der Ehegatte sein Vermögen verschwendet hat. Schließlich wird das Endvermögen um den Betrag erhöht, um den es gemindert wurde, weil der Ehegatte Handlungen vorgenommen hat in der Absicht, den anderen Ehegatten zu benachteiligen.

- Diese fiktive Erhöhung des Endvermögens findet nicht statt, wenn eine Vermögensminderung mindestens zehn Jahre vor Beendigung des Güterstandes eingetreten ist oder wenn der andere Ehegatte mit der unentgeltlichen Zuwendung oder Verschwendung einverstanden gewesen ist.

- Wertermittlung des Vermögens:
  Da die einzelnen Vermögensgegenstände wie Geld, Grundbesitz, Schmuck etc. einer Wertsteigerung bzw. Wertminderung unterliegen, ist auch die Wertermittlung von Anfangs- und Endvermögen von Bedeutung.

  Bei der Berechnung des Anfangsvermögens wird der Wert zugrunde gelegt, den das beim Eintritt des Güterstandes vorhandene Vermögen in diesem Zeitpunkt, das dem Anfangsvermögen hinzuzurechnende Vermögen im Zeitpunkt des Erwerbes hatte. Der Berechnung des Endvermögens wird der Wert zugrunde gelegt, den das bei Beendigung des Güterstandes vorhandene Vermögen in diesem Zeitpunkt, eine dem Endvermögen hinzuzurechnende Vermögensminderung in dem Zeitpunkt hatte, in dem sie eingetreten ist.

  Das gleiche gilt für die von den jeweiligen Vermögensmassen abzuziehenden Verbindlichkeiten.

# 19 Zugewinn berechnen

## Verwaltung des Vermögens

- **Ausgleichsanspruch:** Hinsichtlich des Ausgleichs erwirbt ein Ehegatte, der den niedrigeren oder gar keinen Zugewinn hatte, eine Ausgleichsforderung, d. h. einen Anspruch, der mit Eintritt der Beendigung des Güterstandes vererbbar und übertragbar ist. Dieser Anspruch verjährt in drei Jahren ab dem Zeitpunkt, in dem der Ehegatte erfährt, daß der Güterstand beendet ist, spätestens jedoch in dreißig Jahren nach Beendigung des Güterstandes.

- **Beendigungszeitpunkt der Zugewinngemeinschaft:** Der Güterstand der Zugewinngemeinschaft endet mit dem Tod eines der Ehegatten. Der Güterstand endet aber natürlich auch im Falle der Scheidung. Genauer Beendigungszeitpunkt ist im Falle der Scheidung nicht das Scheidungsurteil, sondern bereits die Rechtshängigkeit des Scheidungsantrags. Dies deswegen, damit nicht ein Ehegatte während des oft langwierigen Scheidungsverfahrens Vermögensgegenstände beiseite schafft und dadurch den anderen benachteiligt.

  Wenn sich die Ehegatten getrennt haben, so kann jeder von ihnen nach drei Jahren des Getrenntlebens auf Zugewinnausgleich klagen. Ebenso kann ein Ehegatte u. a. auf vorzeitigen Zugewinnausgleich klagen, wenn der andere Ehegatte längere Zeit hindurch die wirtschaftlichen Verpflichtungen, die sich aus dem ehelichen Verhältnis ergeben, schuldhaft nicht erfüllt hat und anzunehmen ist, daß er sie auch in Zukunft nicht erfüllen wird, oder wenn der andere Ehegatte sich ohne ausreichenden Grund beharrlich weigert, ihn über den Bestand seines Vermögens zu unterrichten. Als Beendigungszeitpunkt gilt in diesen Fällen der Zeitpunkt, in dem die Klage auf vorzeitigen Ausgleich erhoben ist.

# Die Besonderheiten einer Gütertrennung

Die Gütertrennung tritt anders als die Zugewinngemeinschaft nicht automatisch ein, sondern muß ehevertraglich vereinbart werden. Wurde allerdings ehevertraglich die Zugewinngemeinschaft ausgeschlossen, so gilt im Zweifel automatisch Gütertrennung. Die Gütertrennung hat zur Folge, daß sich die Ehegatten in güterrechtlicher Hinsicht wie Unverheiratete gegenüberstehen.

Die Gütertrennung muß nicht für die gesamte Ehezeit gelten. Insbesondere weil beispielsweise bei Erfüllung des gemeinsamen Kinderwunsches das Zusammenleben auch in wirtschaftlicher Hinsicht vertieft werden sollte, kann die Gütergemeinschaft auch auflösend bedingt durch ein Ereignis vereinbart worden sein, dergestalt, daß, wenn das Ereignis eintritt (hier Erfüllung des Kinderwunsches) wieder der gesetzliche Güterstand der Zugewinngemeinschaft gelten solle. Genausogut kann Gütertrennung im nachhinein vereinbart werden, weil die Ehegatten sich beispielsweise nicht oder noch nicht scheiden lassen wollen, aber bereits eine Trennung hinsichtlich der Vermögenswerte wünschen.

## Übersicht: Gütertrennung

- Die Vermögensmassen der Ehefrau und des Ehemannes sind völlig getrennt voneinander.
- Das Vermögen wird grundsätzlich von jedem alleine verwaltet, es sei denn, der andere wird dazu ausdrücklich ermächtigt.
- Der jeweils andere Ehegatte hat grundsätzlich kein Mitspracherecht und keinerlei Einflußmöglichkeit hinsichtlich des Vermögens des anderen Ehegatten. Anderes gilt nur bezüglich der gemeinsamen Gegenstände, die im Zusammenhang mit der ehelichen Lebensgemeinschaft erforderlich sind, wie dem Hausrat und der Ehewohnung.

# Gesamtgut

Auch die Gütergemeinschaft kann ehevertraglich vereinbart worden sein. Durch Vereinbarung der Gütergemeinschaft werden das Vermögen der Ehefrau und das Vermögen des Ehemannes zu gemeinschaftlichem Vermögen beider Ehegatten, auch Gesamtgut genannt. Dazu zählt auch das Vermögen, welches die Ehegatten jeweils während der Ehe dazuerwerben. Vor allem aber ist für diesen Güterstand von Bedeutung, daß das zum Zeitpunkt der Eheschließung jeweils vorhandene Vermögen zum gemeinschaftlichen Vermögen wird. Das Gesamtgut wird in der Regel von einem der Ehegatten verwaltet. Möglich ist aber auch die gemeinschaftliche Verwaltung.

# Sondergut

Sondergut sind die Gegenstände, die nicht durch Rechtsgeschäft übertragen werden können. Das Sondergut wird von jedem Ehegatten selbständig verwaltet, aber er verwaltet es für Rechnung des Gesamtguts. Unter das Sondergut fallen beispielsweise unpfändbare Forderungen, der Anteil an einer Offenen Handelsgesellschaft (OHG), der Anteil an einer Kommanditgesellschaft (KG) als persönlich haftender Gesellschafter, der noch nicht anerkannte oder noch nicht rechtshängige Schmerzensgeldanspruch etc.

# Vorbehaltsgut

Vorbehaltsgut sind Gegenstände, die durch Ehevertrag zum Vorbehaltsgut eines Ehegatten erklärt sind. Ferner Gegenstände, die ein Ehegatte von Todes wegen erwirbt oder die ihm von einem Dritten unentgeltlich zugewendet werden, wenn der Erblasser durch letztwillige Verfügung, der Dritte bei der Zuwendung bestimmt hat, daß der Erwerb Vorbehaltsgut sein soll. Schließlich Gegenstände, die im Vorbehaltsgut enthalten waren, zerstört wurden oder sonstwie untergegangen sind und anschließend wieder ersetzt wurden.

**Wichtig:**

Das Sondergut kann anders als das Vorbehaltsgut ehevertraglich nicht vereinbart worden sein. Sowohl beim Sondergut als auch beim Vorbehaltsgut fällt das Vermögen nicht in das Gesamtgut, mit der Folge, daß der jeweilige Ehegatte Eigentümer des Sondergutes bzw. Vorbehaltsgutes bleibt und dies selbständig verwaltet. Das Sondergut wird jedoch für Rechnung des Gesamtgutes verwaltet, während das Vorbehaltsgut für eigene Rechnung verwaltet wird.

## Checkliste: Vermögen/Güterstände

- Grundsätzlich herrscht Vertragsfreiheit.
- Verschiedene Arten von Güterständen:
  - Zugewinngemeinschaft
  - Gütertrennung
  - Gütergemeinschaft
- Zugewinngemeinschaft
  Kein gemeinschaftliches Vermögen, Verwaltung des Vermögens, Zugewinn, Anfangsvermögen, Endvermögen, Ausgleichsforderung, Wertermittlung des Vermögens, Beendigungszeitpunkt
- Gütertrennung
  Völlige Trennung der Vermögensmassen
- Gütergemeinschaft
  Gesamtgut, Sondergut, Vorbehaltsgut

# Über den Versorgungsausgleich die Altersrente sichern

Der Versorgungsausgleich wurde vom Gesetzgeber auf die klassische Hausfrauenehe zugeschnitten. Anhand dieser läßt sich das Rechtsinstitut Versorgungsausgleich auch am besten erklären, wenngleich die Vorschriften über den Versorgungsausgleich auch auf die anderen Ehetypen anwendbar sind und ihre dann mehr oder weniger große Bedeutung haben.

## Was unter Versorgungsausgleich zu verstehen ist

Zugeschnitten sind die Vorschriften über den Versorgungsausgleich auf die Hausfrauenehe mit Kindern, welche nach 20jähriger Dauer geschieden wird. Bei diesem Ehetyp hat die Ehefrau ausschließlich die Kinder aufgezogen und den Haushalt geführt, während der Ehemann durch seine Berufstätigkeit für den Familienunterhalt sorgte. Im Laufe der Ehe hat dann der Ehemann umfangreiche Beiträge in die Rentenversicherung einbezahlt und eine mehr oder weniger stattliche Rentenanwartschaft erworben. Die Ehefrau dagegen hat, da sie ja keiner Berufstätigkeit nachgehen konnte, jedenfalls während der Ehe keine Rentenanwartschaften erworben. Sie erhält später allenfalls eine geringe Rente wegen einer eventuell vorehelichen Berufstätigkeit oder einer ehelichen Nebentätigkeit bzw. der Kindererziehung. Daß die Ehefrau keine oder nur eine geringe Rente erhält, obwohl sie sich für die Familie durch die Kindererziehung und Haushaltsführung mindestens ebenso wie der Ehemann durch seine Berufstätigkeit einsetzte, wurde vom Gesetzgeber als ungerecht erkannt, der in den Vorschriften über den Versorgungsausgleich versucht, diese Ungerechtigkeit zu beseitigen.

**Tip:** **Die Vorschriften über den Versorgungsausgleich besagen stark vereinfacht ausgedrückt, daß die Ehefrau von den Rentenanwartschaften, welche der Ehemann während der Ehe angesammelt hat, die Hälfte bekommt, und zwar natürlich nicht in bar, sondern durch Überweisung auf das Rentenkonto der Ehefrau. Hat die Ehefrau während der Ehe selbst Rentenanwartschaften erworben, so erhält sie die Hälfte der Differenz zwischen ihren Rentenanwartschaften und denen ihres Ehemannes.**

**Beispiele:** **Der Ehemann hat während der Ehe Rentenanwartschaften in Höhe von DM 2.000,00 erworben und die Ehefrau in Höhe von DM 0,00.**

**Im Rahmen des Versorgungsausgleichs erhält die Ehefrau Rentenanwartschaften in Höhe von DM 1.000,00 auf ihr zu errichtendes Rentenkonto überwiesen.**

**Der Ehemann hat während der Ehe Rentenanwartschaften in Höhe von DM 2.000,00 erworben und die Ehefrau in Höhe von DM 1.000,00.**

**Im Rahmen des Versorgungsausgleichs erhält die Ehefrau Rentenanwartschaften in Höhe von DM 500,00 überwiesen.**

## Versorgungsausgleich bei Doppelverdienern

Der Versorgungsausgleich kann aber beispielsweise auch bei Doppelverdienerehen einen gerechten Ausgleich schaffen, wenn z. B. einer der beiden Ehegatten zur Förderung der Karriere des anderen seine eigenen Interessen zurückgeschraubt hat, beispielsweise, weil er eine ihm angebotene hoch dotierte Stelle ausgeschlagen hat, um an dem Ort zu arbeiten, wo der andere Ehegatte einer gegebenenfalls noch höher dotierten Tätigkeit nachging. In diesem Fall sind die Versorgungsanwartschaften des anderen Ehegatten in erster Linie wegen des Verzichts des anderen Ehegatten höher. Hier einen Ausgleich zu schaffen, kann nur gerecht sein.

Der Versorgungsausgleich ist nach dem Gesetz im Falle der Scheidung grundsätzlich stets durchzuführen und zwar auch in Fällen, wo dies nicht so besonders angebracht erscheint. Wenn beispielsweise beide Ehegatten während der Ehe ganztägig berufstätig waren und einer der beiden einfach fleißiger ist und dadurch mehr verdient hat, käme es nach dem Gesetz dennoch grundsätzlich zum Versorgungsausgleich.

## Den Versorgungsausgleich ausschließen

Generell können die Ehegatten in einem Ehevertrag durch eine ausdrückliche Vereinbarung den Versorgungsausgleich ausschließen (§ 1408 Abs. 2 Satz 1 BGB).

## Über den Versorgungsausgleich die Altersrente sichern

***Achtung:***

*Der Ausschluß ist unwirksam, wenn innerhalb eines Jahres nach Vertragsschluß Antrag auf Scheidung der Ehe gestellt wird (§ 1408 Abs. 2 Satz 1 BGB).*

Damit sollen die Fälle ausgeschlossen bzw. besser gesagt vermindert werden, in denen ein Ehegatte den anderen zum ehevertraglichen Ausschluß des Versorgungsausgleichs überreden will und insgeheim dabei schon an die Scheidung denkt. Denn die Ehegatten können zwar auch im Zusammenhang mit der Scheidung eine Vereinbarung über den Versorgungsausgleich treffen. Diese bedarf jedoch dann der Genehmigung des Familiengerichts.

Über den Umstand, daß der Ausschluß des Versorgungsausgleichs unwirksam ist, wenn innerhalb eines Jahres nach Vertragsschluß Antrag auf Ehescheidung gestellt wird, muß der Notar aufklären.

**Tip:** **Der Ausschluß des Versorgungsausgleichs sollte also frühzeitig erfolgen, möglichst zu Beginn des Trennungsjahres oder sogar besser noch davor. Im Scheidungsverfahren kann es dafür zu spät sein.**

Der Ausschluß des Versorgungsausgleichs kann auch an eine Bedingung dergestalt geknüpft werden, daß der andere, besser verdienende Ehegatte einen Ersatz durch Abschluß eines Vertrages über eine private Lebensversicherung mit Rentenwahlrecht zugunsten des verzichtenden Ehegatten leistet und die Beiträge dafür bezahlt.

## Checkliste: Versorgungsausgleich

- Was ist unter Versorgungsausgleich zu verstehen?
- Der hälftige Ausgleich der während der Ehe erworbenen Versorgungsanwartschaften von dem Rentenkonto des Ehegatten, der mehr Rentenanwartschaften erworben hat, auf das Rentenkonto des anderen Ehegatten im Falle der Scheidung.
- Ehevertraglicher Ausschluß des Versorgungsausgleichs? Möglichst bereits zu Beginn des Trennungsjahres, besser sogar noch davor.
- Ist grundsätzlich möglich, und zwar auch eingeschränkt oder verknüpft mit Bedingungen wie beispielsweise Abschluß einer privaten Lebensversicherung mit Rentenwahlrecht durch den potentiell Ausgleichspflichtigen zugunsten des potentiell Ausgleichsberechtigten oder durch Zahlung einer Abfindung.
- Der bedingungslose und ohne Ausgleich stattfindende Ausschluß bei der Haushaltsführungsehe erscheint regelmäßig als unbillig.
- Wie sichern Sie Ihre Altersrente sonst noch?
- Gerade in jungen Jahren ist der Gedanke an die Alterssicherung wichtig. Es kann dann für später viel Geld gespart werden. Der haushaltsführende Ehegatte sollte unbedingt privat abgesichert werden. Denn oft wird die Rente des Berufstätigen nicht für beide ausreichen.

## Der Gang zum Rechtsanwalt – so früh wie möglich

Wer die Kosten scheut, sollte sich spätestens zum Trennungszeitpunkt anwaltlich beraten lassen. Letztlich aber, wenn die Scheidung eingereicht werden soll, ist der Gang zum Anwalt vom Gesetz ohnehin zwingend vorgeschrieben, da der Scheidungsantragsschriftsatz von einem Rechtsanwalt unterzeichnet und bei Gericht eingereicht werden muß.

Nicht notwendig ist, daß beide Ehegatten einen Anwalt aufsuchen. Zwar kann ein Anwalt nicht beide Ehegatten vertreten. Derjenige, der der Scheidung nur zustimmt, benötigt dafür jedoch keinen Rechtsanwalt.

**Wichtig:**

**Gerade wenn eine schnelle und unkomplizierte Scheidung gewünscht wird, sollten auch die Kosten eines zweiten Anwaltes nicht gescheut werden.**

Die Anwälte werden die Vorstellungen beider Parteien rasch in die richtige juristische Form bringen und dadurch die Arbeit der Gerichte erleichtern und beschleunigen. Auch wird den Gerichten die Aufklärungsarbeit abgenommen, was den Unterhaltsausschluß und vor allem den Ausschluß des Versorgungsausgleichs u. U. erleichtern kann.

Auch sollte man sich möglichst früh darüber im klaren sein, ob die Scheidung einvernehmlich vonstatten gehen wird oder ob mit Streitereien zu rechnen ist.

**Tip:** **Wenn von Anfang an mit Streit zu rechnen ist, sollte bereits zu Beginn der Scheidung ein Fachmann dafür, nämlich ein Rechtsanwalt bzw. noch besser auf beiden Seiten ein Rechtsanwalt hinzugezogen werden. Das Verfahren wird dadurch nicht teurer, sondern eher billiger, da von Anfang an die Weichen richtig gestellt werden können.**

## Was unter Prozeßkostenvorschuß zu verstehen ist

Wenn ein Ehegatte nicht in der Lage ist, die Kosten eines Rechtsstreits zu tragen, der eine persönliche Angelegenheit betrifft, ist der andere Ehegatte verpflichtet, ihm diese Kosten vorzuschießen, soweit dies der Billigkeit entspricht (§ 1360a Abs. 4 Satz 1 BGB).

**Tip: Sind Sie nicht in der Lage, die Kosten des Scheidungsverfahrens nebst Folgesachen aufzubringen, so muß Ihnen diese Ihr Ehegatte vorschießen, da es sich bei der Scheidung nebst Folgesachen um eine persönliche Angelegenheit handelt.**

Diese Prozeßkostenvorschußpflicht entspringt der Unterhaltspflicht und besteht daher nur dann, wenn Ihr Ehegatte leistungsfähig ist.

### Prozeßkostenvorschuß auch wider Willen

Ihr Anspruch auf Prozeßkostenvorschuß für die Scheidung gegen Ihren Ehegatten besteht auch dann, wenn Ihr Ehegatte die Scheidung gar nicht will und sich vehement dagegen wehrt. Dies kann dazu führen, daß Ihr Ehegatte seinen Rechtsanwalt zahlen muß, der ihn gegen die von Ihnen betriebene Scheidung vertritt, und zugleich Ihren Rechtsanwalt, der gegen ihn die Scheidung eingereicht hat.

### Prozeßkostenvorschuß nur für die gesetzlichen Gebühren

Besonders müssen Sie beachten, daß Sie nur einen Anspruch auf Übernahme der Kosten haben, die nach dem Gesetz entstehen. Verlangt Ihr Rechtsanwalt beispielsweise aufgrund seiner speziellen Fachkenntnisse ein Honorar, welches über die gesetzlichen Gebühren hinausgeht, kann insoweit das über die gesetzlichen Gebühren hinausgehende Honorar nicht im Wege des Prozeßkostenvorschusses geltend gemacht werden.

# Welche Kosten entstehen

An Kosten für das Scheidungsverfahren entstehen die Rechtsanwaltskosten und die Gerichtskosten.

## Wonach sich die Höhe der Kosten richtet

Die Höhe sowohl der Rechtsanwaltskosten als auch der Gerichtskosten richtet sich entscheidend nach der Höhe des Streitwertes. Wenn Sie also viel Vermögen haben, um das gestritten wird, sind die Kosten höher als wenn kaum Vermögen vorhanden ist, selbst wenn der Umfang der anwaltlichen Tätigkeit in beiden Fällen gleich sein sollte.

Ferner werden die Kosten mit jeder Folgesache höher, welche vor Gericht ausgestritten werden muß.

**Tip:** **Wenn Sie Kosten sparen wollen, sollten Sie sich mit Ihrem Ehepartner über die meisten Punkte spätestens im Trennungsjahr einigen, damit die Scheidung „reibungslos über die Bühne geht", was diese dann wesentlich verbilligt. Auch ist eine außergerichtliche Einigung häufig billiger, selbst wenn zwei Rechtsanwälte daran beteiligt sind, da zum einen die Gerichtskosten entfallen und die Rechtsanwaltsgebühren nach Gebührenanfall und Rahmen oftmals niedriger sein werden.**

Da Rechtsanwälte regelmäßig auf eine einvernehmliche Regelung hinwirken, sollte auch nicht an einem zweiten Rechtsanwalt für den anderen Ehepartner gespart werden. Dies hat nur dann Sinn, wenn bereits völlige Einigung unter den Ehegatten besteht. Andernfalls kommt es regelmäßig leichter zu Streitsituationen, deren Lösung oftmals nur noch durch das Gericht möglich ist, wofür dann später meistens doch ein zweiter Rechtsanwalt eingeschaltet wird, der nicht dadurch billiger wird, daß er erst später in das Geschehen eingreift.

# Vereinbarung, wer die Kosten trägt

Bei finanziell gleichstarken Partnern empfiehlt sich eine Kostenaufhebung. Das bedeutet, daß beide ihren eigenen Anwalt selbst bezahlen und von den Gerichtskosten je die Hälfte.

Je nach Finanzkraft kann auch eine andere Quote gewählt werden, dergestalt, daß sämtliche entstehenden Kosten „in einen Topf geworfen werden“, wobei der schwächere beispielsweise ein Viertel und der stärkere drei Viertel aller Kosten trägt.

**Tip:** **Natürlich kann auch eine Kostenregelung unabhängig von der Finanzkraft vereinbart und mit den zu klärenden Sachfragen verknüpft werden, etwa in der Form, daß der eine Ehegatte beispielsweise den Pkw oder die Einbauküche etc. erhält und dafür die Kosten des Scheidungsverfahrens trägt.**

***Achtung:***
*Wichtig ist nur, daß eine für beide Parteien wirtschaftlich sinnvolle Lösung gefunden wird.*

# Was unter Beratungs- und Prozeßkostenhilfe zu verstehen ist

Für Familien mit geringem oder ohne Einkommen, wo also weder der eine Ehegatte noch der andere in der Lage ist, einen Rechtsanwalt zu bezahlen oder die Prozeßkosten aufzubringen, gibt es die Möglichkeit der Beratungshilfe und der Prozeßkostenhilfe („Armenrecht").

## Beratungshilfe beanspruchen

Beratungshilfe wird für das außergerichtliche Verfahren gewährt und ist insbesondere dann geeignet, wenn Sie eine Scheidung noch gar nicht unbedingt wollen, sondern sich erst einmal über die Möglichkeiten und Folgen einer Scheidung beraten lassen möchten.

Wenn Sie Beratungshilfe beanspruchen möchten, können Sie dies direkt bei den Beratungshilfestellen des Amtsgerichts Ihres Wohnortes tun, welche mit Rechtsanwälten besetzt sind. Sie können jedoch auch zu einem frei gewählten Rechtsanwalt Ihres Vertrauens gehen, der für Sie den Beratungshilfeantrag stellen oder Sie auf Ihren Beratungshilfeschein beraten wird, falls Sie sich einen solchen direkt beim Amtsgericht geholt haben.

## Wer die Prozeßkostenhilfe beantragt

Für das Gerichtsverfahren kann Prozeßkostenhilfe gewährt werden. Die Prozeßkostenhilfe wird Ihr Rechtsanwalt für Sie beantragen. Wichtig für Sie ist jedoch, daß Sie möglichst früh auf Ihre ungünstige finanzielle Lage hinweisen und diese nicht aus Angst davor verschweigen, daß der Anwalt Ihren Fall deswegen nicht bearbeiten wird, weil Sie beispielsweise Sozialhilfeempfänger sind. Den meisten Rechtsanwälten, darunter auch bekannten Kanzleien, wird es darauf nicht ankommen, da sie ihren Beruf als Organ der Rechtspflege verstehen und zwar regelmäßig weniger Geld für ein Prozeßkostenhilfemandat bekommen, dies aber sicher und schnell aus der Staatskasse.

**Wichtig:**

**Für die Beantragung der Prozeßkostenhilfe ist eine Auskunft über Ihre persönlichen und wirtschaftlichen Verhältnisse erforderlich, die auch belegt werden müssen. Bei Sozialhilfeempfängern reicht der letzte Sozialhilfebescheid.**

# Ehevertrag kurz vor der Scheidung?

Eheverträge werden – wenn auch regelmäßig zu Beginn der Ehe – gerade für den zu diesem Zeitpunkt hypothetischen Fall der Scheidung geschlossen. Durch den Abschluß eines Ehevertrages soll gerade auch die potentielle Scheidung vereinfacht und beschleunigt werden. Wann daher ein Ehevertrag geschlossen wird, ist insoweit gleichgültig.

Wird jeder Punkt in einem Scheidungsverfahren ausgestritten, beansprucht dies nicht nur u. U. mehrere Jahre Zeit, sondern verursacht ganz erhebliche Kosten. Man versucht daher seitens der Gerichte und Anwälte, daß möglichst viele Punkte einvernehmlich geregelt werden. Häufig wird dies jedoch in einer Scheidungsvereinbarung relativ spät, oft sogar erst im Scheidungstermin getan. Eine Scheidungsvereinbarung ist aber nichts anderes als ein Ehevertrag.

Die Grenzen sind auch fließend, wann man noch von einem Ehevertrag spricht und wann bereits von einer Scheidungsvereinbarung. Der wesentliche Unterschied liegt weniger im Inhalt, sondern im Zeitpunkt des Abschlusses. Viele Fälle, in denen eine Ehe auseinander geht, beginnen so, daß sich die Partner zunächst einmal streiten, während sie noch zusammen leben. Sodann kommt es irgendwann zur Trennung, die Spannung läßt nach und die Parteien vertragen sich wieder besser. Dies ändert sich dann aber oft wieder, je näher die Scheidung rückt

**Tip:** **Diese positive Stimmung, welche unmittelbar nach der Trennung entsteht, sollte daher zur Herbeiführung eines Ehevertrages genutzt werden, der – um die Emotionen nicht wieder hochzuschaukeln – gerade nicht wie eine Scheidungsvereinbarung voll auf die Scheidung abgestimmt sein, sondern in der neutraleren Fassung eines Ehevertrages gehalten werden sollte. Der Ehevertrag kann dann wie eine Scheidungsvereinbarung im Scheidungstermin vorgelegt werden.**

## Ehevertrag kurz vor der Scheidung?

Die Kosten sind sowohl für den Ehevertrag als auch für die Scheidungsvereinbarung bei gleichem Regelungsgehalt relativ die gleichen.

## Wie ein Ehevertrag bzw. eine Scheidungsvereinbarung geschlossen wird

Grundsätzlich herrscht auch im Eherecht – wie generell im deutschen Privatrecht – Vertragsfreiheit. Auch ist grundsätzlich Formfreiheit gegeben.

Den Kern eines Ehevertrages wird aber regelmäßig die güterrechtliche Regelung bilden, und gemäß § 1410 BGB ist insoweit notarielle Beurkundung erforderlich. Der Gang zum Notar ist daher unvermeidbar. Zusätzlich sollte ein Ehevertrag von einem Rechtsanwalt unter besonderer Berücksichtigung der Interessen beider Parteien ausgearbeitet werden, gerade wenn eine Scheidung bevorsteht, der dann dem Notar zur Beurkundung vorgelegt wird. Die Materie ist zu komplex, als daß ein Laie selbst einen Ehevertrag entwerfen und sodann dem Notar zur Beurkundung vorlegen könnte. Selbstverständlich verfügen auch Notare über die entsprechende Kenntnis zur Fertigung eines Ehevertrages. Es ist jedoch als Beurkundungsorgan nicht Aufgabe des Notars, auf die speziellen Interessen der vertragsschließenden Parteien einzugehen. Der Notar wird in erster Linie beurkunden und aufklären.

**Tip:** **Damit der Ehevertrag die Scheidung erleichtert oder gar verhindert, ist der Gang zum Rechtsanwalt, der den Vertrag auf Ihre beiderseitigen Interessen zuschneidet, unumgänglich.**

Die Scheidungsvereinbarung wird vom Rechtsanwalt nach der Interessenlage der Parteien entworfen und von diesen unterschrieben. Sodann wird die Scheidungsvereinbarung später im Scheidungstermin zu gerichtlichem Protokoll gegeben.

# Schnell-Check: Ehevertrag/Scheidungsvereinbarung

## Regelungsinhalte

Das theoretische Spektrum dessen, was in einem Ehevertrag oder einer Scheidungsvereinbarung geregelt werden kann, ist groß, nämlich alles, was nur irgendwie mit der Ehe bzw. deren Scheidung zusammenhängt. Sinnvollerweise sollte ein Ehevertrag sich jedoch auf die wesentlichen Regelungsbereiche beschränken, und, sofern eine Scheidung bevorsteht, auf die „Abwicklung" der Ehe gerichtet sein.

## Unterhalt

Nicht fehlen darf in einem Ehevertrag oder einer Scheidungsvereinbarung eine Klausel über den Unterhalt. Wer bezahlt in welcher Form Unterhalt? Was zählt alles zum Unterhalt? Wie hoch darf oder muß der Unterhalt sein? Wie sieht es mit dem Unterhalt noch vor und nach der Scheidung aus? Kann Unterhalt ausgeschlossen werden? Welche Unterhaltsansprüche haben die Kinder?

## Das Güterrecht

Die zentrale Vorschrift des Ehevertrages oder der Scheidungsvereinbarung wird oft die güterrechtliche Regelung bilden. Also Vereinbarungen darüber, wem das Haus, die Aktien, der Schmuck und das Bankguthaben gehören. Ob und inwieweit der eine Ehepartner für die Schulden des anderen haftet. Das Gesetz gibt insoweit drei Güterstände vor. Zum einen den gesetzlichen Güterstand der Zugewinngemeinschaft, der automatisch gilt, wenn ehevertraglich nicht wirksam etwas anderes vereinbart ist. Ferner die Gütergemeinschaft und die Gütertrennung. Diese drei Typen von Güterständen sind zwar vom Gesetzgeber wahlweise vorgegeben, können aber durch Ehevertrag in gewisser Weise aufgeweicht, bzw. gemischt werden. In einer Scheidungsvereinbarung kann davon abgewichen werden, beispielsweise indem beide Ehegatten auf eventuelle Zugewinnausgleichsansprüche verzichten und den Verzicht gegenseitig annehmen.

## Schnell-Check: Ehevertrag/Scheidungsvereinbarung

### Vermögensverwaltung – Firma – Unternehmen

Von einer güterrechtlichen Regelung zu unterscheiden ist die Frage danach, wie das Vermögen angelegt und die Schulden verteilt werden sollen. Es muß auch geklärt werden, inwieweit ein Ehegatte in die Firma, das Unternehmen oder die Unternehmensbeteiligung des anderen involviert ist bzw. sein darf, und wie dies wieder aufgelöst werden kann. Hier sind vor allem auch die Belange der Firma bzw. des Unternehmens zu berücksichtigen.

### Alterssicherung

Besonders bedeutsam für den nicht berufstätigen Teil ist eine Regelung über die Alterssicherung. Sollen für ihn Rentenbeiträge bezahlt werden? Bei welchem Versorgungsträger? Oder ist es vielleicht besser, noch eine Lebensversicherung abzuschließen? Wie sieht es nach der Scheidung mit den Beitragszahlungen aus?

### Versorgungsausgleich

Der Versorgungsausgleich betrifft ebenfalls die Frage nach der Alterssicherung. Es handelt sich dabei um ein vom Gesetzgeber detailliert geregeltes Institut zum Ausschluß von Nachteilen bei der Altersversorgung im Falle einer Scheidung. Regelungen sind insoweit auch und gerade bei jungen Ehen oft sinnvoll. Durch den Versorgungsausgleich kann sich die Scheidung besonders lange hinziehen.

### Steuerrechtlich relevante Regelungen

Insbesondere im Unterhalts- und Güterrecht gibt es zahlreiche Möglichkeiten, wie sich Ehegatten auf legalem Wege große Steuervorteile verschaffen können. Für den Fall der Scheidung gilt es diese zu sichern.

## Auslandsberührung

Für Ehen mit Auslandsbezug, wenn also einer oder beide Ehegatten Ausländer sind, sollte – wenn möglich – eine Rechtswahlvereinbarung getroffen werden. Denn ist eine Auslandsberührung gegeben, kann es sein, daß kraft Gesetzes das ausländische Recht zur Anwendung kommt, also nicht das deutsche, was unter Umständen nicht gewollt ist und die Scheidung durch ausländische Rechtsgutachten verteuert und langwierig macht. Es kann aber unter gewissen Voraussetzungen für manche Bereiche die Anwendung deutschen Rechts gewählt werden. Ebenso kann es sein, daß kraft Gesetzes deutsches Recht Anwendung findet, die Ehegatten aber das Recht des ausländischen Staates wählen wollen, weil dies auf ihre Scheidung besser zugeschnitten ist. Auch dies ist in gewissen Grenzen möglich.

## Erbrechtliche Regelung

Nicht mehr speziell unter den Regelungsbereich eines Ehevertrages und schon gar nicht einer Scheidungsvereinbarung fallen Verfügungen von Todes wegen, also erbrechtliche Regelungen. Hier empfiehlt sich – falls ausnahmsweise auch der geschiedene Ehegatte noch im Erbfall bedacht werden soll – ein zusätzliches Vertragswerk. Andernfalls scheidet der geschiedene Ehegatte automatisch aus der Erbfolge aus.

### Checkliste: Inhalt eines Ehevertrages/Scheidungsvereinbarung

- Unterhalt
- Vermögen/Unternehmen
- Versorgungsausgleich
- Auslandsberührung
- Güterrecht
- Alterssicherung
- Steuerrechtlich relevante Regelungen
- Erbrechtliche Regelung

**Tip:** **Wichtig für die Kosten: Nicht alle Positionen sind regelungsbedürftig. Es sollten nur die Bereiche geregelt werden, in denen für Ihre Ehe und deren Scheidung ein Bedarf besteht. Und denken Sie daran, daß zu einem Vertragsschluß Ihr Partner seine Einverständniserklärung geben muß.**

# Keine pauschale Verweisung auf das Recht eines Staates

Einführend muß vor allzu großer Euphorie hinsichtlich der Möglichkeit einer Wahl deutschen oder ausländischen Rechts mit der damit wohl erhofften Rechtsklarheit gewarnt werden.

Denn es ist eine Rechtswahl in der Form, daß pauschal das gesamte deutsche Recht oder ein vielleicht in den Augen des scheidungswilligen Partners besser passendes ausländisches Recht gewählt wird, nicht möglich.

***Achtung:***

*Aus deutscher Sicht ist eine Rechtswahl nur hinsichtlich des Güterstandes und in besonderen Fällen hinsichtlich der allgemeinen Wirkungen der Ehe zulässig.*

Hinzu kommt, daß das Recht des ausländischen Staates die Sache wieder ganz anders sehen kann. Zwar ist der Begriff der allgemeinen Wirkungen der Ehe sehr weit gefaßt. Davon ausgenommen sind nur die güterrechtlichen Beziehungen, für die wiederum ja eine eigene Rechtswahl möglich ist, aber auch die Scheidungsfolgesachen und Kindschaftssachen, die naturgemäß für die Scheidung besonders große Bedeutung haben. Schließlich kommt das Recht des ausländischen Staates nicht zur Anwendung, soweit es dem deutschen Recht in sittlich unbilliger Weise widerspricht.

## Ehetypen mit Auslandsberührung

- Ehen mit Auslandsberührung kommen in mehreren Spielarten vor. Einmal ist es der deutsche Staatsangehörige, der eine Ausländerin geheiratet hat oder umgekehrt. Dann gibt es zwei Ausländer gleicher Staatsangehörigkeit, die in Deutschland leben, oder zwei Ausländer verschiedener Staatsangehörigkeit, die in Deutschland leben. Das deutsch/ausländische Ehepaar wird ein Interesse daran haben, insbesondere zum Zwecke der Rechtsklarheit deutsches Recht zu wählen. Ebenso kann aber der ausländische Ehegatte seinem Kulturkreis so verbunden sein, daß er das Recht seines Staates wählen möchte.

- Bei zwei Ausländern gleicher Staatsangehörigkeit, auf deren Ehe grundsätzlich das Recht des ausländischen Staates anwendbar ist, kann die Tatsache, daß sie nunmehr in Deutschland leben und sich der deutschen Kultur anpassen wollen, Motiv für eine Rechtswahl sein. Schließlich ist eine Scheidung vor den deutschen Gerichten im Vergleich regelmäßig nicht nur schwieriger, sondern aufgrund u. U. notwendiger Rechtsgutachten und Übersetzungen auch einiges teurer. Nicht zuletzt kann das ausländische Ehepaar in Deutschland bereits geboren und aufgewachsen sein, so daß die ausländische Staatsangehörigkeit nur eine Formalität ist. Aber auch auf die Ehen von Ausländern der zweiten oder gar dritten Generation ist grundsätzlich das Recht des ausländischen Staates anwendbar.
- Bei gemischt ausländischen Ehen wird die Wahl auf das vereinende deutsche Recht fallen, zumal sie in Deutschland leben.

## Rechtswahl des Güterstandes

Die Ehegatten können für die güterrechtlichen Wirkungen der Ehe wählen

- das Recht des Staates, dem einer von ihnen angehört

  odcr

- das Recht des Staates, in dem einer von ihnen seinen gewöhnlichen Aufenthalt hat

  oder

- für unbewegliches Vermögen das Recht des Lageortes des Vermögens.

Die Rechtswahl muß notariell beurkundet oder im Scheidungstermin zu gerichtlichem Protokoll gegeben werden. Wird sie nicht im Inland vorgenommen, so genügt es, wenn sie den Formerfordernissen für einen Ehevertrag nach dem gewählten Recht oder am Ort der Rechtswahl entspricht.

# Scheidung innerhalb des Kulturkreises

Hat Ihre Ehe starken Auslandsbezug, ist über eine Scheidung vor einem ausländischen Gericht nachzudenken. Unter Umständen wird das Recht eines ausländischen Staates Ihre Scheidung erleichtern oder mehr im Sinne Ihrer Weltanschauung sein als eine Scheidung nach deutschem Recht. Bei all diesen Gedanken muß Ihnen jedoch zweierlei bewußt sein:

## Benötigen Sie die Anerkennung Ihrer Scheidung vor den deutschen Behörden?

Zum einen heißt eine Scheidung vor einem ausländischen Gericht nicht, daß diese von den deutschen Behörden automatisch anerkannt wird.

Bei einer Scheidung in einem der Staaten der Europäischen Union ist dies zwar nur eine Formalität. Eine Scheidung vor einem Gericht eines islamischen Staates wird in Deutschland dagegen wohl selten anerkannt werden.

## Kein „forum shopping"

Zum anderen wird international ein sogenanntes „forum shopping" mißbilligt, d. h. die Auswahl des Rechts eines Staates, ohne Bezug zu diesem Staat, nur weil man sich von den Gerichten dieses Staates eine für sich günstigere Entscheidung erhofft.

**Tip:** **Daraus folgt, daß eine Scheidung vor dem Gericht eines ausländischen Staates im allgemeinen nur dann zu empfehlen und darüber hinaus oftmals auch nur dann zulässig ist, wenn ein starker Bezug zu dem Staat durch die Staatsangehörigkeiten der Ehegatten besteht und die Ehegatten ohnehin beabsichtigen, Deutschland demnächst zu verlassen.**

***Achtung:***

*Im Einzelfall kann die Prüfung durch einen Fachmann allerdings zu einem anderen Ergebnis führen.*

## Scheidungsantrag zurücknehmen

Als letzten Schritt sollten Sie sich natürlich noch einmal überlegen, ob Sie mit einer Scheidung den richtigen Weg gehen.

Sind Sie derjenige, der den Scheidungsantrag eingereicht hat, können Sie diesen in jeder Phase des Verfahrens wieder zurücknehmen. Sie können also noch gewissermaßen „die Notbremse ziehen“.

***Achtung:***

*Die bis dahin bereits entstandenen Rechtsanwaltsgebühren und Gerichtskosten sind zu tragen.*

## Zustimmung zur Scheidung widerrufen

Waren nicht Sie derjenige, der das Scheidungsverfahren eingeleitet hat, haben der Scheidung aber in einer schwachen Stunde zugestimmt, so können Sie auch diese Zustimmung in jeder Lage des Verfahrens widerrufen.

# Schnell-Checkliste: Scheidung

## Prüfkriterien

### Scheidung und deren Folgesachen

**Scheidung: Aufhebung der einst geschlossenen Ehe**

**Folgesachen:**

- Welcher Ehegatte zahlt dem anderen Ehegatten wieviel Unterhalt?
- Wer zahlt wieviel Unterhalt für die Kinder?
- Wie wird der Hausrat aufgeteilt?
- Wer bleibt in der Ehewohnung oder was soll mit dieser geschehen?
- Wieviel oder was bekommt jeder vom Vermögen?
- Kann das gemeinsame Sorgerecht praktiziert werden oder wer erhält sonst das alleinige Sorgerecht?
- Wie wird beim alleinigen Sorgerecht des einen der Umgang des anderen mit den Kindern vereinbart?
- Wie wird die Altersrente gesichert?

### Wann Sie sich scheiden lassen können

- Scheitern der Ehe
- Die Ehe ist gescheitert, wenn die Lebensgemeinschaft nicht mehr besteht und nicht erwartet werden kann, daß sie wieder hergestellt wird: **Zerrüttungsprinzip.**

### Mindesttrennungsdauer

- Ausnahme: Fortsetzung der Ehe würde unzumutbare Härte bedeuten, dann keine Mindesttrennungsdauer, sondern Scheidung sofort
- Ein Jahr und Einverständnis des anderen oder positive Feststellung der Zerrüttung
- Drei Jahre: kein Einverständnis des anderen oder positive Feststellung der Zerrüttung mehr erforderlich

- Krasser Ausnahmefall: Scheidung zur Unzeit bei schwerer Härte für gemeinsame minderjährige Kinder oder den nicht scheidungswilligen Ehegatten

## „Trennung von Tisch und Bett"

- Getrenntleben, d. h. Aufgabe der häuslichen Gemeinschaft unter Verneinung der ehelichen Lebensgemeinschaft
- Grundsatz der totalen Trennung
- Trennung innerhalb der gemeinsamen Wohnung möglich
- Trennung in „ehefeindlicher Absicht" erforderlich
- Versöhnungsversuch unschädlich

## Beweise für die Scheidung sichern

- Nachweis der Heirat
- Nachweis der Personenidentität
- Nachweis der Trennungsdauer
- Umfassende Kenntnisse über die Einkünfte des anderen
- Transparenz der Vermögensverhältnisse des anderen
- Verzeichnis über die Gegenstände des anderen
- Dokumentation vorwerfbarer Verhaltensweisen

## Fahrplan für das Trennungsjahr aufstellen

- Rechtsanwalt aufsuchen.
- Scheidungsvereinbarung treffen oder noch Ehevertrag schließen.
- Scheidung einreichen.
- Scheidungsantrag zustimmen.
- Versorgungsausgleich vorbereiten.
- Scheidungstermin einplanen.

# Schnell-Checkliste: Scheidung

## Was bereits im Trennungsjahr gerichtlich geklärt werden kann

**Unterhalt**

- Trennungsunterhalt verlangen.
- Trennungsunterhalt berechnen und vereinbaren.
- Kindesunterhalt vereinbaren.

**Sorgerecht und Umgangsrecht**

- Sorgerecht bzw. Umgangsrecht vereinbaren.
- Mit dem Jugendamt zusammenarbeiten.

**Ehewohnung und Hausrat**

- Klären, was aus der Ehewohnung wird.
- Hausrat aufteilen.

## Vermögen und Schulden

- Verteilung des Vermögens zwischen den Ehegatten.
- Zugewinn berechnen; Gütertrennung, Gütergemeinschaft.
- Schulden beachten.

## Altersrente sichern

- Ist der Versorgungsausgleich angemessen?

## Zum Anwalt gehen, wann?

- Der Gang zum Rechtsanwalt empfiehlt sich so früh als möglich.

## Kosten

- Prozeßkostenvorschuß vom Ehegatten verlangen.
- Klären, wer die Kosten der Scheidung zu bezahlen hat.
- Beratungshilfe oder Prozeßkostenhilfe beantragen.

## Einvernehmliche Regelung

Ehevertrag oder Scheidungsvereinbarung aushandeln.

## Bei Auslandsbezug

- Unterschied bei Scheidung der Ehe mit einem Ausländer/einer Ausländerin beachten.
- Scheidung im Ausland prüfen.

## „Für eine Versöhnung ist es nie zu spät"

- Scheidungsantrag und Zustimmung können bis kurz vor dem Urteil zurückgenommen werden.

# Stellen, die Adressen spezialisierter Rechtsanwälte vermitteln

Deutsche Anwalt-Auskunft
Tel.: 0 18 05/18 18 05
Vermittelt bundesweit der Anwalt-Auskunft angeschlossene Rechtsanwälte.

Deutscher Anwaltverein
Adenauerallee 106
53113 Bonn
Tel.: 02 28/26 07 0
Fax: 02 28/26 07 46

Hier erfahren Sie auch die Adresse des örtlichen Anwaltvereins in Ihrer Nähe.

Anwalt-Suchservice
Unter den Ulmen
50968 Köln
Tel.: 02 21/93 73 80 3
Fax: 02 21/93 73 89 61

Vermittelt bundesweit dem Suchservice angeschlossene Rechtsanwälte.

# Weitere wichtige Anlaufadressen

- Die Standesämter sind für Fragen des Personenstandes zuständig. Dort werden das Heiratsregister und die Familienbücher geführt.
- Die Botschaften und Konsulate der ausländischer Staaten geben Auskünfte zu dem jeweiligen Heimatrecht.
- Bei der Vermittlung eines Notars ist Ihnen Ihr Rechtsanwalt behilflich.

# Findex

Alterssicherung 76
Amtsgericht 27
Anfangsvermögen 56, 57, 58, 59
Anwalt 27, 68
Anwalt des Kindes 44
Armenrecht 72
Ausgleichsforderung 57
Ausgleichsanspruch 60
Auslandsberührung 78
Auslandsbezug 77, 80

Bedürftigkeit 34, 35
Beratungshilfe 72
Besuchsrecht 44
Beweismittel 20
– Fotoaufnahmen 20
– Mietverträge 20
– Videoaufzeichnungen 20
Beweisschwierigkeiten 20
Bürgschaften 53

Darlehensverbindlichkeiten 53

Ehevertrag 24, 54, 73, 74, 75
Ehewohnung 9, 31, 45, 49
Endvermögen 57, 59
Erbfall 77
Erbschaft 58

Familienbuch 19
Familienrichter 27, 48
Familienunterhalt 38
Folgesachen 26
Formfreiheit 74
forum shopping 80
Fotoaufnahmen 20

Gehaltsbescheinigungen 21
Gemeinschaft, häusliche 15
Generalvollmacht 53
Gerichtskosten 70
Gesamtgut 62
Getrenntleben 20
Grundbuchauszug 21
Gütergemeinschaft 54, 62, 75
Güterstand 54
Güterstände 54, 75
Gütertrennung 54, 61, 75

Härte
– schwere 49
– unzumutbare 11, 12
Härteklauseln 13
Härtescheidung 22
Hausfrauenehe 64
Haushaltsgegenstände 55, 56
Hausrat 9, 32, 51
Hausstand 51
Heiratsurkunde 19

Jugendamt 44, 48

Kinder 43
– eheliche 43
– nichteheliche 43
Kindesunterhalt 39
Kindschaftsrecht 43
Kontoauszüge 21
Kosten 69, 70, 71, 73, 74, 77

Lebensgemeinschaft 12, 38
– eheähnliche 12, 38
Leistungsfähigkeit 34, 35

Mietverträge 20, 49

Personalausweis 19
Prozeßkosten 72
Prozeßkostenhilfe 72
Prozeßkostenvorschuß 69

Rechtsanwalt 24, 27, 68, 69, 70, 72, 74
Rechtsanwaltskosten 70
Rechtshängigkeit 60
Rechtswahl 78

# Findex


Rechtswahlvereinbarung 77
Reisepaß 19
Rentenausgleich 9

Scheidungsantrag 25, 81
Scheidungsdauer 28
Scheidungsfolgesachen 24
Scheidungsgrund 11, 49
Scheidungsvereinbarung 24, 73, 74, 75
Schenkung 58
Schulden 53, 58, 75, 76
Sondergut 62, 63
Sorgerecht 9, 22, 30, 43, 44, 45, 46
Steuervorteile 76
Strohmann 53

Trennung 15, 17, 21, 49, 51, 53, 61
– in ehefeindlicher Absicht 16
– von Tisch und Bett 16
Trennungsabsicht 16
Trennungsdauer 20
Trennungsfrist 17
Trennungsjahr 12, 24, 45, 55
Trennungsunterhalt 33, 34
Trennungszeit 13
Trennungszeitpunkt 68

Umgang 47
Umgangsrecht 31, 43, 44, 46, 47
Unterhalt 9, 30, 75
Unterhaltsberechnung 35

Verbindlichkeiten 53, 58
Vermögen 53, 55, 57, 76
Vermögensgegenstände 55
Verschulden 11
Verschuldensprinzip 11
Versöhnung 17
Versöhnungsversuche 17
Versorgungsanwartschaften 65
Versorgungsausgleich 9, 25, 64, 65, 76
Vertragsfreiheit 74
Videoaufzeichnungen 20
Vollmacht 45
Vorbehaltsgut 62, 63
Vormundschaftsgericht 55

Wertermittlung 59

Zerrüttung 11, 12, 13, 24, 49
Zerrüttungsprinzip 11
Zugewinn 58, 59
Zugewinnausgleich 60
Zugewinnausgleichsanspruch 21, 57
Zugewinngemeinschaft 54, 55, 60, 61
Zustimmung 81
Zuwendungen 59